Eduard Sievers

Verzeichnis altdeutscher Handschriften

Eduard Sievers

Verzeichnis altdeutscher Handschriften

ISBN/EAN: 9783743325265

Hergestellt in Europa, USA, Kanada, Australien, Japan

Cover: Foto ©ninafisch / pixelio.de

Manufactured and distributed by brebook publishing software
(www.brebook.com)

Eduard Sievers

Verzeichnis altdeutscher Handschriften

VERZEICHNIS

ALTDEUTSCHER HANDSCHRIFTEN

VON

HEINRICH ADELBERT VON KELLER

HERAUSGEGEBEN

VON

EDUARD SIEVERS

TÜBINGEN, 1890
VERLAG DER H. LAUPP'SCHEN BUCHHANDLUNG

Druck von H. Laupp jr. in Tübingen.

Vorwort.

Das langgepflegte verzeichnis altdeutscher handschriften, aus dem bisher nur bruchstücke bekannt geworden waren, vollständig zu veröffentlichen, ist dem verewigten verfasser nicht mehr vergönnt gewesen. Nach seinem letzten wunsche sollte Bartsch für ihn eintreten. Dieser hatte sich denn auch in einer mündlichen besprechung mit dem unterzeichneten zu ostern 1884 bereit erklärt, die herausgabe des manuscriptes zu übernehmen, zu der er wie kein anderer gerüstet war. Leider aber sollte auch diese hoffnung nicht in erfüllung gehen, und so ward schliesslich der unterzeichnete von den hinterbliebenen v. Kellers mit der veröffentlichung des verzeichnisses betraut.

Ueber die art der herausgabe konnte im wesentlichen kein zweifel sein. Dass diejenigen nummern, welche der verfasser selbst durch privatdrucke bekannt gemacht hatte (no. 1—6. 115) vollständig wieder aufzunehmen seien, war wohl selbstverständlich. Auf der andern seite habe ich auch ebenso wenig bedenken getragen, diejenigen nummern fortzulassen, deren text im wortlaut bereits an allgemein zugänglicher stelle (namentlich in den Fastnachtspielen und im Meister Altswert) gedruckt vorlag. An stelle der beschreibungen sind in diesem falle verweise auf die früheren druckorte getreten. Consequenter weise musste dann ebenso auch bei einigen hss. verfahren werden, deren beschreibungen im verzeichnis durch neuere veröffentlichungen antiquiert waren, oder sich, wie das z. b. bei no. 83. 112 der fall war, lediglich als kürzende auszüge aus älteren mitteilungen darstellten. Endlich musste die ausführliche beschreibung der Augsburger meister-

liederhandschrift (no. 104) gestrichen werden. Sie war im ms.
nicht vollendet, und ich wäre vor der hand wenigstens nicht in
der lage gewesen, das fehlende, namentlich die hier nur besonders
mühsam zusammenzubringenden litterarischen nachweisungen, in
der wünschenswerten vollständigkeit zu ergänzen.
Die ausarbeitung des verzeichnisses wurde nach einer rand-
notiz des verfassers bei no. 1 im sommer 1853 begonnen. No. 88
fällt in das jahr 1856, no. 107 in den october 1863, no. 108
in den september 1864, no. 112 in den mai 1867. Dann folgen
mit längerer pause no. 114 vom mai 1874 und schliesslich
no. 115 vom januar 1876. Die entstehungszeit der zwischen-
liegenden nummern liess sich nicht genauer bestimmen.
Die handschrift des verfassers gewährte überall nur die
ursprünglichen aufzeichnungen. Zusätze und nachträge aus
späterer zeit weist dieselbe nirgends auf. So reichen denn ihre
litterarischen nachweisungen immer nur bis zu der zeit, in welcher
der betreffende teil des manuscriptes entstanden ist. Das solcher-
gestalt fehlende durch eintragung der nötigsten verweise zu
ergänzen, bin ich nach kräften bemüht gewesen, soweit meine
durch die übersiedelung von Tübingen nach Halle stark be-
schränkte musse dies gestattete. Grössere vollständigkeit der
nachweise hätte ich unter den obwaltenden umständen nur um
den preis einer abermaligen hinausschiebung des druckes in un-
bestimmte ferne erreichen können. Immerhin darf ich wol
hoffen, durch das gebotene für bequemere benutzbarkeit des ver-
zeichnisses wenigstens so weit gesorgt zu haben, dass ich für
das fehlende um freundliche nachsicht bitten darf. Allein ver-
antwortlich bin ich für die redaction von no. 62 (beschreibung
von Valentin Holls handschrift, für welche mir nur fortlaufend
als prosa geschriebene auszüge von der hand G. K. Frommanns
vorlagen) und für das register, in das ich mit rücksicht auf
den zur verfügung stehenden raum leider nur die versanfänge
und verfassernamen aufnehmen konnte.
Ueber die druckeinrichtung habe ich nur zu bemerken,

dass ich, in übereinstimmung mit dem vom verfasser in den
Fastnachtspielen und sonst geübten verfahren, ˉdie einzelnen
stücke der verschiedenen handschriften durchnummeriert habe.
Alle übrigen zusätze meinerseits sind durch eckige klammern
kenntlich gemacht. Im übrigen habe ich mich auf getreue
widergabe des mir vorliegenden manuscripts beschränken müssen,
da eine revision desselben nach den handschriften selbst für
mich ausser dem bereich der möglichkeit lag. Einige gering-
fügige versehen in den bereits vom verfasser selbst veröffent-
lichten stücken sind, meist nach dem manuscript selbst, still-
schweigend gebessert worden.

Halle a. S., 29. august 1888.

E. Slevers.

1.

*Stuttgart. K. öffentliche bibliothek. Cod. theol. octav. n. 22.
Geschrieben 1388 von Joh. Widler, priester von Keyserstuol.
Bl. 289 b. Papier. Höhe 0,215 meter; breite 0,14; dicke 0,06.
289 blätter alt, 8 dahinter neu von Franz Pfeiffer angefügt.
Gehörte früher dem consistorium. Beschrieben in meinem ver-
zeichnis der doctoren, welche die philosophische facultät in Tü-
bingen im studienjahre 1848 bis 1849 ernannt hat. Tübingen 1849.
S. 4. Inhalt: Das leben Marias von Walther von
Rheinau, in 4 büchern. Eine zweite hs. dieses gedichts ist auf
der hofbibliothek in Karlsruhe, hs. 6.* Anfang: Assit principio
sancta Maria meo. Hie vahet an der erste vorgewerbe dis buoches
vnd wie der tichter bittet gelükes.

Sid lebender nieman
Ane Gottes gnaden kan.

*Abgedruckt ist buch I in dem eben angeführten verzeichnis
der doctoren u. s. w. s. 5 ff. Buch II hinter der einladung zur
akademischen feier des geburtsfestes seiner majestät des königs
Wilhelm von Württemberg. Tübingen 1852. Buch III hinter
der einladung zur akademischen feier des geburtsfestes seiner ma-
jestät Wilhelms, königs von Württemberg. Tübingen 1853. Buch IV
hinter dem verzeichnis der doctoren, welche die philosophische fa-
cultät in Tübingen 1853 bis 1854 ernannt hat. Tübingen 1855.
Vollständig u. d. t. Walthers von Rheinau Marienleben. Tü-
bingen 1855.*

*Am schlusse hat Franz Pfeiffer eine von ihm am 1 juni
1852 gefertigte abschrift von 2 pergamentblättern in quart aus*

der mitte des 14ten jh. eingefügt, welche einer dritten handschrift dieses gedichtes angehören. Sie entsprechen den stellen der hs. 1 bl. 260 b bis 270 b. Anfang:

> Vnd gab ir sele zehant
> In sine getriuwen hant.

Schluss: Vnd richse mit im dar inne
Gewaltig küniginne.

2.

Karlsruhe. Hofbibliothek. N. 481. X V jh. Das gedicht bl. 151 d trägt das datum 1356. Papier. Höhe 0,294 meter; breite 0,205; dicke 0,04. 1 vorblatt, 194 allgezählte bl., 2spaltig. Vieles daraus abgedruckt in meinen erzählungen aus altdeutschen handschriften. Stuttgart 1855. 8. Inhalt:

1. Vorblatt: Register. Anfang:

> ADam vnd Eva. j.
> Dye acht gesellen. ij.
> Der mynner vnd luoderer. iiij.
> Der mynnen kletter. vj.
> Dye lyebe vnd schöne. viij.
> Dye sechs varbe. ix.
> Der müller mit dem kynde. x.
> Von der Stampney. xij.
> Von den neuwen syeten. xiij.
> Von dem armen Rytter. xiiij.
> Der Rytter mit der halben byrn. xviij.

2. Vorbl. b. Humoristische predigt über A d a m u n d E v a, ohne überschrift. Gedruckt in den erzählungen s. 26. Anfang: In principio creauit deus celum et terram etc.

> Ir viel lieben kynt mein
> Ich han in dem latein.

Schluss: Sprechent amen alle
Daz ez euch woll gefalle etc.

3. Bl. 2 b. Erzählung, v o n d e n a c h t g e s e l l e n, d i e s i b e n f r e w d d e r w e r l t. Gedruckt in abweichender fassung

*bei der Hätzlerin s. 271; nach dieser hs. in meinen erzählungen
s. 665. [Goedeke, grundriss 1², 296, no. 38.] Anfang:*

> Den syeten nyemant gar enbirt
> Wan ein ding zue alt wirt.

Schluss: Hye mit gelag ir aller bracht
> Vnd gyeng iederman czue gueter nacht.

4. Bl. 4 c. Der mynner vnd der luderer. *Gedruckt
in Lassbergs liedersaal 2, 329. [Auch in Cod. pal. germ. 4, 225 b
(Bartsch s. 4), Cod. Vind. 2885, 24 a (Hoffmann s. 94), Inns-
brucker hs. no. 11 (Mones anzeiger 5, 337), und der Strassburger
hs., Diutiska 1, 316]. Anfang:*

> Ich kwam uff ein gevyelde
> Da ich zwey menschen bylde.

Schluss: Vnd mit treuwen wesen bei
> Wünschet alle daz ez der klueg mynner sey.

5. Bl. 6. Der mynnen klefferer. *Gedruckt in meinen
erzählungen s. 123. Anfang:*

> Kjnder wölt ir stille sweigen
> Ich wölt euch kürczweilen.

Schluss: Vnd der daz mere hat geschrieben
> Der ist an schöne frauwen blieben.

6. Bl. 8 b. Von der lieb vnd schon. *Gedruckt in
meinen erzählungen s. 624; nach anderer handschrift bei Myller
3, xxxiv bis xxxv. [Vgl. Diutiska 1, 316.] Anfang:*

> Ich sach eins mäls heymlich
> Zwey kluge bylde freüden reich
> Daz waz liebe vnd schöne.

Schluss: Liebe bringet den menschen zuo hiemelrich
> Dar hilff vns milter herre gnedigkleich.

7. Bl. 9 b. Die sechs varb. *[Auch hs. 42, 239.] Ge-
druckt in Lassbergs liedersaal 1, 151 ff. [Hätzlerin s. 168.
Vgl. ebenda s. lv. Diutiska 1, 316. v. d. Hagens Germania
7, 320. Gesammtabenteuer 3, 781, no. 49. Goedeke 1², 295,
no. 23. Bartsch, Heidelberger hss. s. 128 zu 215, 65 a. Büch-*

1 *

told, deutsche hss. aus dem brit. museum s. 109, no. 5. Baruck, Donaueschinger hss. s. 60. Cgm. 270, 165.] Anfang:

> Mich fräget ein frauwe mynneclich
> Sye sprach zuo mir bescheide mich.

Schluss: Von danne schiede ich du zue stund,
Vrlaüp gab mir ir roter mund.

8. *Bl. 10 d.* D e r m u l l e r m i t d e m k i n d. *Gedruckt erzählungen s. 463.* | *Hoffmann, Wiener hss. s. 98. Mones anz. 5, 337, no. 38.] Anfang:*

> Eyn müller hieß Gumprecht der gül
> Vnd waz geseßen jn eyner mül.

Schluss: Alz der müller gewan
Nicht me sage ich da von.

9. *Bl. 12 d.* V o n d e r s t a m p e n n e y. *Vgl. Tristan s. 59 Massmann. Bragur 7, 1, 192. Hoffmanns Wiener hss. s. 94.* [*Mones anzeiger 5, 337, no. 7.] Ein ähnliches stück ist das bei Jubinal, jongleurs et trouvères. Paris 1835, s. 34. Vgl. darüber auch A. Jubinals lettre à M. le comte de Salvandy sur quelquesuns des manuscrits de la bibliothèque royale de la Haye. Paris 1848. S. 47 f. Hollands Crestien von Troies s. 216. 275. Gedruckt ist das gedicht in meinen altdeutschen gedichten 2, 3; nach einer andern hs. bei Lassberg, liedersaal 3, 561. Anfang:*

> Nv höret wye ein narre ich byn
> Ich trinck dorch die wochen weyn.

Schluss: Hye endet sich die stampeney
Got tuewe mich swarczer frauwen frey.

10. *Bl. 13 d.* V o n d e n n e w e n s i t t e n. *Gedruckt in meinen erzählungen s. 676. Anfang:*

> Eyn schöne frauwe zue mir sprach
> Ez ist nit lang daz ez geschach.

Schluss: Dyz heist der neuwe syet
Dem volgen wir alle gern mit.

11. *Bl. 14 d.* V o n d e m a r m e n r i t t e r. *Gedruckt erzählungen s. 41.* | *Vgl. Bartsch, Beitr. z. quellenkunde s. 337.] Anfang:*

Alle die nue lebendig sein
Den rat ich uff die treuwe mein.
Schluss: Dem hilfft sye mynnekleich
In daz frone hyemelreich etc.

12. Bl. 18 c. Von dem ritter mit der halben birn.
*Gedruckt in Lassbergs liedersaal 3, 147 und sonst. Uebrigens
weicht diese abfassung hin und wieder ab, z. b. bl. 19 b:*

Laßt euch vermûseln
Mit ruß vnd mit ûseln

*u. s. w., eine stelle, die bei Lassberg 3, 151, wo sie stehen sollte,
fehlt. Anfang:*

Hje vor ein reicher kûnig waz
Alz ich von ym geschrieben laß.
Schluss: Nach dieses leibes leben
Daz werde vns allen gegeben.

13. Bl. 21 d. Von dem pfaffen und pfeffin. *Ge-
druckt in meinen erzählungen s. 65. Anfang:*

Eyn affe vnd eyn effeyn
Eyn phaffe vnd ein pfeffein.

23 ist der dichter genannt meynster Heynrich. *Schluss:*

So geit vns got mit jn daz hyemelrich
Da wir leben ymmer vnd ewigkleich. amen.

3 weitere zeilen hat der miniator durchstrichen.

14. Bl. 23. Von den dreyen frawen. *Gedruckt in
meinen erzählungen s. 210. Anfang:*

Wollent ir ein weile getagen
Eyn mere hört ich sagen.
Schluss: Vnd laz sich nicht betôren
Vnd bye mit wil ich der rede hôren.

15. Bl. 26. Das warm almuesen. *S. Hoffmanns Wie-
ner hss. s. 99. Gedruckt Hagens gesammtabenteuer 2, 245.*

Anfang: Ez waz ein vil karger man
Der nam sich eines sieten an.
Schluss: An alle misse wende
Hye mit habe eyn ende.

16. Bl. 27 b. **Von der tische zucht.** *Vgl. Mones anzeiger 1839, 212. 214. Gedruckt nach einer Wiener hs. in Haupts zeitschrift 7, 174.* [*Vgl. M. Geyer, altdeutsche tischzuchten, s. 1 ff.*]

Anfang: Der nve jn sülcher gewissen sei
Daz ym wone zücht vnd ere bey.

Schluss: Dar vmb jr daz laßt
Daz ist mein gueter rat.

17. Bl. 28. **Von sant Mertes bawman.** *Vgl. Hoff-manns Wiener hss. s.* [*61*]. *98.* [*Mones anzeiger 5, 337, no. 39. Bartsch, Heidelberger hss. s. 91 zu 169, 320 d. Lassbergs lieder-saal 2, 667.*] *Gedruckt in Hahns kleineren gedichten von dem Stricker s. 20. Anfang:*

Ez waz ein reicher bauwman
Der so sere schallen began.

Schluss: Der diz buech hat geschrieben
Der ist an schön frauwen blieben.

18. Bl. 29 c. **Der ritter mit dem hemd.** *Gedruckt in meinen erzählungen s. 674. Die anekdote steht auch in einer Wiener hs. mit dem titel:* Der ritter mit der niderwat. *S. Hoff-manns Wiener hss. s. 94. Anfang:*

Hje vor daz ist manig tag
Daz mennigkleich dez sieten pflag.

Schluss: Hye hat dez ritters mere ein ende
Mit dem sweißigen hembde.

19. Bl. 29 d. **Der turney von dem zers.** *Gedruckt in meinen erzählungen s. 443. Anfang:*

Ir herschafft ir solt gedagen
So wil ich euch sagen.

Schluss: Der daz mere hat geschrieben
Der ist an schöne frauwen blieben.

20. Bl. 34. **Der buben pater noster.** *Theilweise abgedruckt in Meyers und Mooyers altdeutschen dichtungen s. 78 f.; vollständiger in Lassbergs liedersaal 3, 551. Ähnliche profanie-rungen des vaterunsers in der altdeutschen poesie liessen sich in grosser anzahl nachweisen. Anfang:*

Höret ir herschafft alle
Wye euch die rede gevalle
Mir wil die bruech enpfalhen.

Schluss: Vnd heißet dicz mere
Daz bueben pater nöster.

21. Bl. 36. Der spunczenirerin gebet. *Gedruckt
in meinen altdeutschen gedichten 2, 7. Anfang:*

Hje mercket der spünczirerin gebett
Ir hercz zue dem gespünczen stett.

Schluss: Wann ir hercz vnd ir syen
Stuend geyn irem spünczen hin.

22. Bl. 37. Der ritter mit dem sperber. *Vielfach
bearbeitet. Vgl. Massmanns Alexius s. 5. Hoffmanns Wiener
hss. s. 94. Gräters Bragur 6, 1, 149. Lassbergs liedersaal 1, 223.
Mone, quellen und forschungen 1, 134. Hagens gesammtabenteuer
2, 23. Pfeiffer in Haupts zeitschrift 5, 424. 426. Anfang:*

Als mir ein mere ist geseit
Ffür ein gäncz warheyt.

Schluss: Durch den sperber verköß
Vnd iren magetüm verlöß.

23. Bl. 39 c. Von dem pfaffen in der rewsen.
Steht auch hs. 60, 75 [s. dort]. Anfang:

MErcket nach der werlt pflicht
Ir kürczweil ist anders nicht.

Schluss: Hye habe ein ende der fyscher
Got über hebe vns aller swer.

24. Bl. 42. Der hunt mit dem bein. *Vgl. Boner
s. 14 Pfeiffer. Gedruckt in den erzählungen s. 557. Anfang:*

Ejn meynster heysset ysopus
Der schreibt vns alsus.

Schluss: Vnd wirt dar zue der hangen
Alz offt ist ez ergangen.

25. Bl. 42 b. Von dem knecht herolt. *[Hs. 103,
330.] Die geschichte vom spiegel mit dem peche. Vgl. fastnacht-
spiele aus dem 15ten jh. s. 1176. [1331. Nachlese s. 307. Ger-*

mania 33, 161]. Hier fehlt aber die rache der magd. Gedruckt in den erzählungen s. 471. Anfang:

> In eynem dörff saß ein man
> Alz ich von jn vernomen han.

Schluss : Der daz mere hat geschrieben
> Der hat die weile da mit vertrieben.

26. Bl. 43 b. **D e r   e s e l   m i t   d e s   l e w e n   h a u t.** *Gedruckt in den erzählungen s. 531. Steht auch hs. 60, 59. Anfang:*

> MAn saget offennew mere
> Wye daz eyn esel were.

Schluss : Vnd kumpt wieder darvon alsam
> Ez sei frauwe oder man.

27. Bl. 43 d. **D e r   w e r l t   e r g e r ü n g**, *soll heissen* ver-kêrung. *Gedruckt unter dem titel:* Wie die welt eins ieglichen spottet *beir Hätzlerin s. 115. Anfang:*

> MEin frauwe den meinen dienst verspricht
> Durch wandel den sie an mir siecht.

Schluss : Vnd heist der werlt verkerünge
> Beydew von alten vnd von jüngen.

28. Bl. 45. **D e r   m ü n c h   m i t   d e m   g e n ß l e i n.** *Gedruckt in Hagens gesammtabentewer 2, 41. Anfang:*

> Ich höret sagen ein mere
> Wie hye vor ein clöster were.

Schluss : Damit sei sein genueck
> Geseyt von dem genslein klueg.

29. Bl. 47 b. **D e r   f r o ß   m i t   d e m   h e l b i n n g** *(daneben* helbling). *Gedruckt in meinen erzählungen s. 577. Anfang:*

> Golt vnd silber wer guet
> Wan daz ez michel wonder tuet.

Schluss : Wann leyden wir hye daz getultigklich
> So geit vns got dar vmb daz hiemelrich.

30. Bl. 48 c. **D e r   h e r b s t   v n d   d e r   m e y.** *Gedruckt bei Myller b. 3; in den erzählungen s. 588. [Vgl. zeitschr. f. deut-sches altert. 24, 57.] Seitenstück zum* luoderer vnd minner

bl. 4 c. Vgl. auch den krieg von dem mayen und von dem augst-
mon *beir Hätzlerin s. 248. Anfang:*

> Ich kwam uff ein beyde breyt
> Die waz so wünneclich gekleit.

Schluss : Vnd tranck dar nach frölich
Vnd kwam dar nach zuo hiemelrich.

31. Bl. 50 c. Von dem wolff, seinem sun vnd von
dem krebs. *Gedruckt [in Grimms Reinhart Fuchs s. 321], in
den erzählungen s. 497. Vgl. Hoffmanns Wiener hss. s. [61]. 98.
[Bartsch, Heidelberger hss. s. 92 zu 169, 329 a. Gesammtaben-
teuer 3, 769, no. 50.] Anfang:*

> Ejn wölff zue seinem son sprach
> Ich han ein sülchs vngemach.

Schluss: Vnd geleit vns hyn zue hiemelrich
Da wir leben ymmer vnd ewigklich.

32. Bl. 52. Von dem ritter sociabilis. *Gedruckt
in meinen erzählungen s. 132. Anfang:*

> Ez waz hie vor ein rytter vermeßen
> Zue swaben uff eyner pürge geseßen.

Schluss: Daz helffe vns der ewige crist
Der aller werlt ein erlöser ist.

33. Bl. 57 c. Der ketidiep. *Vgl. Boner s. 28 Pfeiffer.
Gedruckt in meinen erzählungen s. 523. Anfang:*

> Ejn rab auff einem bavm saß
> Dar vnder stuend daz grün graz.

Schluss: Der dyz mere hat geschrieben
Der ist an schöne frauwen blieben.

34. Bl. 58. Daz eselspiel. *Gedruckt in meinen erzäh-
lungen s. 528. Anfang:*

> Eyn Esel mercken bewan (? began)
> Wan er so groß liebe gewann.

Schluss: Vnd daz tuen mit treuwen getultigklich
Dar vmb geit vns got sein ewiges reich.

35. Bl. 58 d. Von der kriebsein. *Gedruckt erzäh-*

lungen s. 574. Ähnlich die fabel in Haupts zeitschrift 7, 332. Hoffmanns Wiener hss. s. 80. Anfang:

> Ejn kriebßein zu ir dochter sprach
> Dye sye vnrecht gend sach.

Schluss: Hye hat ein ende die krebßein
> Vnd ir dochter daz megetein.

36. Bl. 59. D a s o p f f e r k a l p. *Gedruckt in meinen erzählungen s. 547. Anfang:*

> Zv eynem pfluege wart gestalt
> Vil dick ein ochs der waz alt.

Schluss: Wer dez andern spottet vil
> Der wirt zue gespotte ane zyl.

37. Bl. 59 c. E i n b e i c h t v o n B u l e r e y. *Vgl. F. Weckherlins beitr. 76. Fastnachtspiele s. 1103. 1443. [Nachlese s. 303. Cgm. 270, 121. 379, 87. Hs. 103, 306.] Gedruckt bei der Hätzlerin s. 115. Anfang:*

> AN eynem morgen fügt sich daz
> Also daz ich gegangen waz.

Schluss: Dye man hat außerzalt
> Der helff mir wönschen jung vnd alt.

38. Bl. 63 d. V o n d e r R o m f a r t. *Vgl. J. Grimms Reinhart Fuchs s. cxciij. 392. Gedruckt erzählungen s. 503. Anfang:*

> Zv eyner heilgen zeit geschach
> Ein wolff einen fuchs sach.

Schluss: Da von ich nymme sagen wil
> Ez sei wenig oder vil.

39. Bl. 66 b. V o n d e m f o g e l e i n. *Gedruckt nach cod. germ. monac. 1020 in meinen altdeutschen gedichten 1, 12. Anfang:*

> Ejn gepawr fyeng ein vogelein
> In einem heren strickelein.

Schluss: Der daz mere hat geschrieben
> Der ist an schöne frauwen blieben.

40. Bl. 67. V o n d e m w o l f f v n d d e m s c h a f f. *Gedruckt in meinen erzählungen s. 495. Anfang:*

Ejn lump suecht ein waßer fluß
Da ez möcht getrenken auß.

Schluss: Ere vnd frümmekeit
Hie mit sei genueg geseit.

41. *Bl. 67 c.* Von dem wolff vnd hund. *Gedruckt er-
zählungen s. 512. Anfang:*

Vor eynem wylden walde daz geschach
Eyn wolff zue eynem hunde sprach.

Schluss: Den senffter tuet ir freyer muet
Dan dem keyser alles sein guet.

42. *Bl. 67 d.* Von dem storg, der frosch got. *Ge-
druckt erzählungen s. 582. Anfang:*

Bje vor frösche ein michel schare
Dye waren an sorgen gar.

Schluss: Da von habe daz ein ende
An alle missewende.

43. *Bl. 68 b.* Von der swalben. *Gedruckt erzählungen
s. 566. Anfang:*

Es was eins mals ein ackerman
Fflachs sewen er began.

Schluss: Hye endet sich daz püchlein
Mit der gueten lere sein.

44. *Bl. 68 c.* Von der buchfull. *Gedruckt erzählungen
s. 586. Anfang:*

BEnde vnd füsse begondenn straffen
Den pauch sye darczue ym sprachen.

Schluss: Wann wer allewege vnrecht tuet
Dez ende wirt gar selten guet.

45. *Bl. 69.* Von dem weyhen vnd seiner muter. *Ge-
druckt in den erzählungen s. 562. Anfang:*

Ejn weyhe an seinem ende lack
Sein muetter er fleißigklichen batt.

Schluss: Hye endet sich diz mere
Got verlaß vns aller swere.

46. Bl. 69 b. Von dem lewen, dem ochsen, dem eßel vnd dem swein. *Gedruckt in den erzählungen s. 516.* *Anfang:*

Ejn lewe eyn stier ein esel ein swein
Dye gelobten recht guete gesellen zue sein.

Schluss: Wann so ir gewalt wirt verkert
So dancken jn die sie han geert.

47. Bl. 69 d. Von dem lewen vnd der meüs. *Gedruckt in den erzählungen s. 518.* *Anfang:*

Ejn lewe waz in einem walde gelegen
Vnd wolt gueter ruewe pflegen.

Schluss: Wan es kumpt vil offt der tag
Daz der kranck frummen vnd schaden mag.

48. Bl. 70. Von dem gutten hanen. *Gedruckt in den erzählungen s. 568.* *Anfang:*

Ejn man hett ein elich weip
Die hett ein andern zue seinem leip.

Schluss: Ez sey lieb oder leyt
Hye endet sich daz mere
Got erlaß vns alle swere.

49. Bl. 70 c. Von dem lewen wolff vnd auch dem fuchs. *Gedruckt erzählungen s. 514.* *Anfang:*

Ejn lewe ein wolff ein fuchs gyengen
Mit ein ander ein hasen sie viengen.

Schluss: Hye endet sich die teylünge
Got schende bose maynunge.

50. Bl. 70 d. Von dem Reyger. *Gedruckt in den erzählungen s. 564.* *Anfang:*

Ejnem Reyger kwam jn sein gedanck
Wie er raümen wölt die lant.

Schluss: Dyz ist von dem Reyger
Got behüte vns alle zeüger.

51. Bl. 71. Von dem fuchs vnd der kaczen. *Gedruckt in den erzählungen s. 526.* *Anfang:*

Ejn fuchs ein kacz die kwamen
Vor eynem walde zuesamen.

Schluss: Mit warheit wol ernern
Da mit wil ich sein hören.

52. *Bl. 71 b.* Von dem grillen vnd der emeyß. *Ge-
druckt in den erzählungen s. 576.* *Anfang:*

Ez gyeng ein grille vnd ein ameyß
Vff ein acker da ez waz heiß.

Schluss: Müß werden sere belangen
Dar vmb er leicht wirt erhangen.

53. *Bl. 71 c.* Von der snecken. *Gedruckt in den er-
zählungen s. 584. Anfang:*

Zve einer großen hochzeit
Wart gerueffen jn alle lant weit.

Schluss: Der euch trege macht zue hant
Alz dem snecken ist bekant.

54. *Bl. 71 d.* Von des schuchsters kaczen. *Gedruckt
in den erzählungen s. 559. Anfang:*

Ejn kacz in eynes schuechsters hans
Vieng dar jnnen offt vnd dick eyn mus.

Schluss: Da mit sei ein ende geben
Disem kluegen mere
Got erlaß vns aller swere.

55. *Bl. 72 d.* Von dem jungen lewen. *Gedruckt in
den erzählungen s. 520. Anfang:*

Ejn junger lewe waz gar starck
Welch tyer ym kwam uff der vart.

Schluss: Dem vater vnd der muetter sein
Die mögen kummen jn swere peyn.

56. *Bl. 73 b.* Das vbel weyp. *Hätzlerin s. 219. Vgl.
hs. 42, 92 b. Erzählungen s. 80. Anfang:*

Ich kwam uff ein gefylde weyt
Da sach ich ein übel weip.

Die stelle bl. 73 b erinnert an Rosenblüt:

Wil er sünst sie wil so
Ist er traurig sie ist froe

Wil er geen sie wil lauffen
Wil er slahen sie wil rauffen.

Schluss: Vbel weip vnd gallen
Dye müßen dem teüffel alle wol (? gevallen)
Hye endet sich das übel weip
Got verteil jr den leip.

57. *Bl. 74 b.* Von der hennen vnd dem fisch. *Gedruckt erzählungen s. 571. Anfang:*

Ich kwam eyns tages an eyn bach
Da ich hört vnd sach.

Schluss: Der fuchs nam die henen
Sye kriegten noch ich weiß wanne.

58. *Bl. 75.* Von dem koczen ein gute lere: gib nicht hin destu bedarffst. *Gedruckt Colorzaer codex s. 145. Vgl. daselbst xiij. Fastnachtspiele s. 1440. Anfang:*

WEr wolle hören disen rat
Der da hye geschrieben stat
Ez saß ein reicher pürger.

Schluss: Vnd da bey nicht en mag
Vil billich er den schaden hat.

59. *Bl. 77 c.* Von dem haußrat. *Scheint in Myllers sammlung b. 3 gedruckt. Vgl. Benecke Müllers mhd. wb. 1, 559.*

Anfang: MEin gesang vnd allez mein geticht
Ist worden gar zue nichte.

Schluss: Vnd dye blynden gesehen
Dez helffet mir amen jehen.

60. *Bl. 79 b.* Von dem hauskummer. *Herausgegeben von mir in Aufsess's anzeiger für kunde der deutschen vorzeit 1855, 197. 223. [Heidelberger hs. 169, 87 d, Bartsch s. 84]. Anfang:*

Waz ordens got geschaffen hat
In der werlt an aller stat

Schluss: Nyemant hab mich dester tümmer
Hye endet sich der hauß kümmer.

61. *Bl. 80 c.* Von den xviij wachteln. *Lügenmährchen.*

Gedruckt bei Massmann, denkmäler 1, 105. [*Wackernagel, lesebuch 1* ⁵*, 1150*]. *Anfang:*

> Hje vor bey alten gezeyten
> An eyner hebrein leiten (*corrigiert:* leitern).

Schluss: Dez leibs sie sich er wag
> Achtzehen wachteln jn den sack.

62. *Bl. 82.* Von dem weysen Aristotiles. *Aristoteles von Phyllis genarrt. Gedruckt in Hagens gesammtabenteuer 1, 21. Anfang:*

> In Kriechen waz geseßen
> Eyn künig so vermessen.

Schluss: Daz vns daz werde war
> Daz helff vns die muetter die got gepar amen.

63. *Bl. 86 d.* Von der Jüdin vnd dem priester. *Gedruckt in meinen erzählungen s. 57. Anfang:*

> GOt jn hyemelreich
> Der lert jnnekleich.

Schluss: Hye volbrengen vnd gancz besynnen
> Daz wir der ewigen freude nicht entrynnen.

64. *Bl. 88 d.* Von dem honer vnd der frawen sein. *Gedruckt in Lassbergs liedersaal 1, 599. Anfang:*

> Ez hett ein pyederb man ein weip
> Dye waz ym lieber dan sein eigen leip.

Schluss: Vnd nach vns allen vnsern samen
> Sprecht alle frölichen amen.

65. *Bl. 89 c.* Der tychner sagt ein guet lere. *Gedruckt in den erzählungen s. 653.* [*Vgl. Bartsch, Heidelberger hss. s. 115 zu 207, 16 b. Büchtold, deutsche hss. aus dem brit. museum s. 75, no. 11.*] *Anfang:*

> Mjt kleyner hab ein man mich fragt
> In welher weise mir wol behagt.

Schluss: Also sprach der deichner
> Got über hebe vns aller swere.

66. *Bl. 90 d.* Von dem weysen man vnd seinem sun. *Gedruckt erzählungen s. 680. Anfang:*

Ejn weiser man zu seinem son sprach
Wiltu gewynnen guet gemach.

Schluss: Wan ez speist dir die sele dein
Dez glaube mir uff die treüwe mein.

67. *Bl. 92 d.* Von des priesters wirdykeyt. *Gedruckt
in meinen altdeutschen gedichten 3, 3 ff. Tübingen 1861. Anfang:*

HEt ich gesehen gotes taugen
Als sant Johans mit seinen augen.

Schluss: Vnd kümmet auch zue hiemelrich
Da hin hilff vns herre gnedigkleich.

68. *Bl. 94 c.* Der Wirtenberger. *Herausgegeben in
meinem programme des k. geburtsfestes. Tübingen 1845. Vgl.
dazu die aus vergleichung des originals später gewonnenen be-
richtigungen in meinen erzählungen s. 91. 80. Anfang:*

Ez leit ein pürck jn swaben lant
Die ist wirtenberg genant.

Schluss: Als dem frewleyn was bekant
So aller sein leyp brant.

69. *Bl. 99 c.* Von dem striegelein. *Vollständig in Wien.
Vgl. Hoffmanns verzeichnis s. 99. Gedruckt erzählungen s. 412.
Anfang:*

Ez was hie vor gesezzen
Ein kvng so vermessen.

Schluss: Do der münch büchet sich
Der striegel hinck im bey dem diech.

70. *Bl. 103 ausgerissen. Nach dem register beginnt darauf
das stück* Der knecht höfer. *Gedruckt in meinen altdeutschen
gedichten 4, 1. Anfang von bl. 104:*

Also kvmmen sie zusamen
Der alt ging wider heim.

Schluss: Das er die fut sucht
Do man ir selten geruecht.

71. *Bl. 105 c.* Der ritter mit der geicz. *Gedruckt in
den erzählungen s. 270, in abweichender fassung in Hagens ge-*

sammtabenteuer 2, 287. [*Vgl. Bartsch, beitr. z. quellenkunde
s. 384*]. *Anfang:*

>Als mir ein rechte worheyt
>Durch abenthewr wart geseyt.

Schluss: Syn gnad hie vnd dort ain ewige reych
Das wir leben ymer vnd ewiglich.

72. Bl. 107. **Der pfaff mit der snuer.** *Gedruckt
erzählungen s. 310:* Ähnlich ist Herrands von Wildonie erzählung
vom verkehrten wirt bei v. d. Hagen, gesammtabenteuer 2, 337.
Anfang:

>Es ist ein verlorn erbeyt
>Wer in schalle ein mer seyt.

Schluss: Wie die fraw vnd der pffaff
Dem armen man mit gefur.

73. Bl. 111. **Von den großen truncken.** *Der weinschwelg. Gedruckt in Grimms altd. wäldern 3, 13. Vernaleken
in Pfeiffers Germania 3, 210. W. Wackernagels deutsches lesebuch
1e, 731.* [*Vgl. Goedeke, grundriss 1², 224.*] *Anfang:*

>Waz ich trinckes ye han gesehen
>So wil ich fur die warheit iehen.

Schluss: Vnd mit dem lebendigen brünne vns speiß
Vnd in sein reich vns weyß.

74. Bl. 112 c. **Von dem czweczler eyn gut mer.**
Gedruckt in den erzählungen s. 401. Vgl. fastnachtspiele s. 1460.
Anfang:

>Seyt man von wunder sagen sol
>So bezeüg ich von herczen wol.

Schluss: Von dann kam nach ein tzweczler
So gut gericht in dem land wer.

75. Bl. 114. **Von der hoffzucht ein gut ler.** *Zum
theil gedruckt in Zarnckes Cato s. 134.* [*Vollständig in den altdeutschen gedichten 5, 3. Vgl. M. Geyer, altdeutsche tischzuchten
s. 34.*] *Anfang:*

>Wen frawen reden daz stet wol
>Mit trewen das ich sprechen sol.

Schluss: Dicz heist die hofftczucht
Got behut vns vor der helle sucht.

76. *Bl. 116.* **D a s** **g o t** **d i e** **e n g e l** **m a g t.** *Dieses und*
die folgenden damit zusammenhängenden stücke sind gedruckt in
meinen erzählungen s. 10 ff. Anfang:

Das got deß ersten begie
Do er den engel beschuff das stet albie.

Schluss: Do sol er sein gebunden
Bey den hellischen hunden.

77. *Bl. 116 c.* **V o n** **d e m** **e n g e l** **M i c h a h e l.** *Anfang:*

Sant michel der engel her
Kom mit dem hymel sper.

Schluss: Zu trost vil manger sel
Der pflig du michel.

78. *Bl. 117.* **W i e** **g o t** **d e n** **m e n s c h e n** **m a c h t.** *Anfang:*

GOt macht ein menschen guet
Mit vil weißlichem mut.

Schluss: Adam lo dir enpfollen sein dein weip
Sie ist dein bein von dem leip.

79. *Bl. 118 c.* **D a s** **t e u f f e l** **b u c h.** *Anfang:*

Da fur der maintet
Der sie verraten het.

Schluss: Do behut got alle vor
Vnd breng vns in der engel kor.

80. *Bl. 120 b.* **V o n** **d e m** **r i t t e r** **m i t** **d e r** **n ü ß.** *Ge-*
druckt in Hagens gesammtabenteuer 2, 277. [Vgl. Goedeke,
grundriss 1², 299, no. 3.] Anfang:

Man sol den frawen sprechen gut
Er ist selig wer das tut.

Schluss erweitert: Toren sol man mit kolben lusen
Der ritter mit den nüssen
Endett sich mit kussen
Von der frauwen sin
Vnd want es wer ein merlin
Gewesen das sie jn seit
Sie sprach vff mynen eit

Du bist mir der liebest man
Den ich jn herczen ye gewan.
Nu Ratt alle gemein
Welichen meint sie vnder diesen zwein.

**81. *Bl. 121 b.* Von der übeln Adelheit vnd irem
man.** *Gedruckt in meinen erzählungen s. 204.* [*Vgl. Goedeke,
grundriss 1³, 303, no. 58.*] *Anfang:*

> In einem dorff was gesessen ein man
> Als ich von jm vernomen han.

Schluss: Er ließ sie ligen alß sie lack
> Vnd lebt her noch mangen tack.

82. *Bl. 122 b.* Von der rüssin leüten. *Gedruckt in
den erzählungen s. 487.* *Anfang:*

> Es geschach bey alten czeyten
> An einer reüßein leiten.

Schluss: Also laß ichs pleyben
> Do von wil ich nymmer schreyben.

83. *Bl. 123 b.* Von dem almüsner. [*Gedruckt in den
altdeutschen gedichten 7, 3.*] *Anfang:*

> Die red ist an leügen (? lougen)
> Ich gesach mit meyn augen.

Schluss: Deß wil ich er winden
> Vor allen hubschen kinden.

84. *Bl. 124.* Von dem schreyber. *Gedruckt in den
erzählungen s. 289. Vielleicht dasselbe wie cgm. 714⁴, 63. Vgl.
fastnachtspiele s. 1376.* *Anfang:*

> Was man von speben dingen sagt
> Keins mir als wol behagt.

Schluss: Hie mit wil ich erwinden
> Von den zweyen hubschen kinden.

**85. *Bl. 126 b.* Von der schonsten frawen genant
der rot munt.** *Steht auch cgm. 714⁴, 57. Vgl. fastnacht-
spiele s. 1376.* *Anfang:*

> Das ich frawen ye gesach
> Daß ist als eyn slack in ein bach.

2 *

126 b werden frauen aus frühern gedichten erwähnt: Elspet,
Beafloß, Orgeloses konne Biramaz, Sygmynne die trewe, Yescute.

Schluss: Der das mer bat geschriben
Der ist an dem roten mund blyben,

86. *Bl. 128 d.* Von eym willigen knecht. *Gedruckt
in meinen altdeutschen erzählungen s. 397. Anfang:*

Es was eyn williger knecht
Der was czu dinst also recht.

Schluss: Mit vngelogem mer
Diß heißt der gertener.

87. *Bl. 129 d.* Von der mynne krafft. [*Gedruckt in
den altdeutschen gedichten 6, 2.*] *Ein gleich betiteltes gedicht s.
fastnachtspiele s. 1377. Anfang:*

Schawet alle was gewalt
Der mynne krafft hot gestalt.

Schluss: Ymmer werend freud jm hymelrich
Dar zu hilff vns her gnedicklich.

88. *Bl. 130 b.* Wie man vmb daz krenczlin biten sol.
Gedruckt in meinen erzählungen s. 475. Anfang:

Jvnckfraw mich hat eyn wilder falck
Zu boten aus gesant.

Schluss: Jungfraw do nam ich ewr
Floczen zu einem schilt.

*Hier scheint das stück in die erzählung von den kohlen
(Lassbergs liedersaal 1, 371) überzugehen.*

Schluss: Wann der man ein got
Daß gewant sie dann fallen lot.

89. *Bl. 131.* Von eyner jungfrawen. *Gedruckt in den
erzählungen s. 120. Anfang:*

Ich hon vernomen daß ist wor
Hie vor ein jungfraw gevar.

Schluss: Daß verley vns durch dein güt
Here Jesu Christe durch dein wunden flut.

90. *Bl. 131 c.* Von dem preller. *Gedruckt in den er-
zählungen s. 409. Anfang:*

Es het eyn weip vnd ein man
Ein dochter wol gethan.

Schluss: Der das mer hat geschriben
Der ist an schon frawen pliben.

91. Bl. 131 b. Von dem moler mit der schon frawen.
Gedruckt in den erzählungen s. 173. Anfang:

Eyns merleins wil ich euch gewern
Das ist wor vnd harst ir gern.

Schluss: Daß was mit pilden vber laden
Dar jn stund eyn betstat.

*133—135 sind ausgerissen. Nach dem vorblatt d stand
darauf der schluss des malers, sodann:*
92. Bl. 133. Von dem teüffel vnd dem münch.
*So heisst im register die überschrift dieses stückes. Gedruckt in
meinen erzählungen s. 93.*
136. Anfang, vielleicht zu diesem stücke gehörig:

Das er mit gutem frumen
Aus dem stock was kumen.

Schluss: Do mit sey gnuck geseyt
Ffur ein gancz worheyt.

93. Bl. 136 d. Von dem sunder vnd dem einsidel.
| *Von dem Stricker, vgl. zu hs. 5, bl. 85.*] *Gedruckt in
Lassbergs liedersaal 1, 593.* Anfang:

Es was eyn sund reycher man
Den ser rewen began.

Schluss: Vnd kam auch zu himelrich
Dar hilff vns her gnedicklich.

94. Bl. 137 c. Von dem mulner. *Gedruckt in den
erzählungen s. 260.* Anfang:

Hye hort eyn fremdes mer
Es was eyn hübscher mulner.

Schluss: Hie ent sich der mulner
Got erloß vns aller swer.

95. Bl. 140 b. Von dem man der beicht der frawen.
Vgl. fastnachtspiele s. 1432. [*Hoffmann, Wiener hss. s. 187,
no. 29.*] *Gedruckt in kürzerer fassung in* [*Lassbergs lieder-
saal 1, 247.*] *Hagens gesammtabenteuer 2, 349 ; vollständig nach
dieser hs. in meinen erzählungen s. 383. Anfang:*

> Eyn man vor einem wald saß
> In daücht er seß nyndert baß.

Schluss: Hie endet sich das bicht mer
> Got erloß vns aller swer.

96. Bl. 141 b. Von der trunckenheit. [*Gedruckt
altdeutsche wälder 2, 188.*] *Anfang:*

> Trunckenheit ist manigfalt
> Sie bedort beyde jung vnd alt.

Schluss: Hie ent sich die trunckenheit
> Do von sey gnuck geseyt.

97. Bl. 141 d. Von der werlt vnd irem lon. *Von
Konrat von Würzburg, hg. von F. Roth. Frankfurt 1843. Anfang:*

> Nv hort ir werlt mynner
> Vnd vernempt dise mer.

Schluss: Die got mit ganczer stetikeyt
> Seyn außerwelten hat bereyt.

98. Bl. 144 d. Von dem rosendorn eyn gut red. *Ver-
want ist die erzählung in Hagens gesammtabenteuer 3, 21. Unsere
handschrift hat einen eingang, der bei Hagen fehlt. Anfang:*

> Mjr was eyns nachtes do ich lag
> Wie ich an eynem suntag.

Schluss: Die fut an den leyb
> Nagel das sie ir icht entrynne
> Oder er wirt versaumpt darjnne
> Das sol nyman wesen zorn
> Diß heyßt der rosen dorn
> Do von wil ich nymmer sagen
> Hie mit wil ich der red gedagen.

99. Bl. 145 d. Der thanhauser der gibt eyn
gut ler. [*Gedruckt fastnachtspiele, nachlese s. 47.*] *Anfang:*

Werlt nu hab dir dein streit
Dein künst mir luczel freuden geit.

Schluss: Eya wa det ich ye myn synne
Do ichs von ersten treuten solt.

100. *Bl. 147.* Von der czucht vnd vnczucht.
Gedruckt in den erzählungen s. 628. Anfang:

Vnzucht an allen sorgen
Der zücht an einem morgen.

Schluss: Her ler vns zücht hie walten
Das wir jn deinem reich werden behalten.

101. *Bl. 147 b.* Von der trew vnd vntrew. *Gedruckt in den erzählungen s. 630. Anfang:*

Vntrew die trew zu haus bat
In ganczen trewen die sie do hat.

Schluss: Die ist nu worden weyt vnd breit
Das ist got von himel leyt.

102. *Bl. 148 b.* Wie der pfaff sprach zu der Ebrecherin. *Ist wohl das selbe stück, das mit der aufschrift von der pfaffen panne in einer Wiener hs. steht. S. Hoffmanns verzeichnis s. 99. Gedruckt in den erzählungen s. 331. Anfang:*

Eyn pfaff eyn frawen an sprach
In ein kirchen das geschach.

Schluss: On aller leut trost
Hie mit ent sich das mer
Got berat den schreyber.

103. *Bl. 148 d.* Du solt dich hutten vor sunden. *[Gedruckt fastnachtspiele, nachlese s. 291.] Anfang:*

Mjt kurczen worten do heb ich an
Das best das ich geroten kan.

Schluss: On alle miswend
Hilff vns von disem elend.

Nach bl. 151 d ist das gedicht 1356 verfasst.

104. *Bl. 151 d.* Von dem weysen katho. *Herausgegeben von Zarncke, der deutsche Cato. Leipzig 1852. Anfang:*

WErn die kundiger
Gutter red nit gewer.

Schluss: Wer volgt der ler seiner wort
Den mynt got hie vnd dort.

105. *Bl. 156 b.* Von dem kunig jm bad. *Gedruckt in Wackernagels deutschem lesebuch 1, 775. Hagens gesammtabenteuer 3, 413. [747. 793. Liedersaal 2, 487.] Vgl. meine fastnachtspiele s. 1151. [1327. 1438. 1531. Nachlese s. 304. Graff, Diutiska 2, 76. 3, 271. 275, no. 43. Anzeiger f. kunde der deutschen vorzeit 1859, s. 406, no. 58 (= hs. 103, 324 b). 1862, s. 192. Bartsch, beiträge zur quellenkunde s. 345, no. 45. Heidelberger hss. s. 89 zu 169, 228 c. Germania 33, 160. Hs. 42, 118. Varnhagen, ein indisches märchen, s. 119, anm. 37.] Anfang:*

Wer an jm selber nit bewart
Vnzücht vnd vberig hoffart.

Schluss: Do er bey dem bader streyt
Hie ent sich der kunig in dem bad
Got behut vns vor allem schad.

106. *Bl. 158 d.* Der münch mit dem kind. *Gedruckt in [Lassbergs liedersaal 2, 393 und] Hagens gesammtabenteuer 2, 53. [Vgl. auch hs. 42, 125. Bartsch, Heidelberger hss. s. 85 zu 169, 141 b. Goedeke, grundriss 1², 299, no. 4.] Anfang:*

Ich seyt euch gern etwas
Das euch myn gelust dester bas.

Schluss: Das bedenckt fraw vnd man
Den münch kam sein kint hart an.

107. *Bl. 162 d.* Von dem pfaffen onmes, d. h. Amis. *Gedruckt in Beneckes beiträgen 1, 499. [Vgl. Goedeke, grundriss 1², 108.] Anfang:*

Hje vor was freud ere
Gemynnet also sere.

Schluss: Das er hie mit ern lebt
Vnd doch hie noch zu got strebt.

108. Bl. 179 b. Von dem hurvbel. [*Gedruckt Germania*
21, 205; vgl. Dresdener hs. M 209, 125.] *Anfang:*

> Hye vormols got geploget hot
> Die werlt vmb ir missetat.

Schluss: Das vns das hurvbel nit an ge
> Vor dem starck hurubel libera nos domine.

109. Bl. 180 d. Die guldin kron. [*Von Konrad*
Harder. Vgl. hs. 103, 382. Fastnachtspiele s. 1330. 1380.
Goedeke, grundriss 1², 313, no. 26. Bartsch, Heidelberger hss.
s. 105 zu 183, 77 a.] *Anfang:*

> Gotlicher geist der hertzen krantz
> Du bist meyn baseß vnd lancz.

Schluss: Mit hilff tue matris
> In gloria dei patris Amen.

110. Bl. 183 c. Von vberig armut. *Anfang:*

> Ich hon gedocht in meinem mut
> Das vberig gros armut.

Schluss: Vnd leb ich vff erden trauricklich
> So mach er mich fro im hymelrich.

111. Bl. 186 d. Von dem holn bawm. *Gedruckt in*
Hagens gesammtabenteuer 2, 141. Anfang:

> Es was hie vor eyn alter man
> Von dem ich wol gesagen kan.

Schluss dieses blattes: Sie sprach liber man mir ist
> In dem leib so we.

112. Bl. 187 ist ausgerissen. Nach dem register begann
auf 187 Der schreiber von Pareis. *Eine niederdeutsche ab-*
fassung davon gedruckt in Hagens gesammtabenteuer 2, 309.
Vgl. dort 2, xlj. Gedruckt nach dieser hs. in meinen erzählungen
s. 275. 188 beginnt:

> Der ander von großer ler
> Der dritt seyt im von frawen.

Schluss: Hie endet sich die worheit
> Vnd die getrew meyt.

113. Bl. 190 d. **V o m   r e d l e i n.** *Gedruckt in Hagens gesammtabenteuer 3, 105. Eine ähnliche geschichte, der maler von Wirzeburc, nach einer Frankfurter hs. steht in meinen erzählungen s. 251. Anfang:*

> Johannes von frewden reich
> Der manig wunderlich werck
> Vff der erden würcken kan
> Der wil aber heben czue tichten.

Schluss: Nu hab ich eüch geseit
Die getrewen worheit.

114. Bl. 194 c. **V o n d e n   w u r c z g a r t e n.** *Es sind nur 16 zeilen, sämmtlich vom miniator durchstrichen. Es ist die geschichte vom rosendorn. Vgl. bl. 144. Hagens gesammtabenteuer 3, 21. Anfang:*

> Es geschicht gemelicher ding vil
> Der man doch nit glaüben wil.

Schluss: Auch het die jungfraw erkorn
Ein weisen rosen dorn.

115. Bl. 194 c. **V o n   g o l d   v n d   v o m   k n e c h t.** *Gedruckt in den erzählungen s. 435. Vgl. hs. 42, 258 b. Hoffmanns Wiener hss. Anfang:*

> IR herschafft wolt ir mit zuchten dagen
> Ich wolt euch kurczweil sagen.

Schluss: Newr das sich eyn geyer oder eyn rab
Des boßen hungers an dir zag lab.

2. weitere blätter sind ausgerissen.

3.

Karlsruhe. Grossherzogliche hofbibliothek. X V jh. Papier. H. 0,209. Br. 0,141. D. 0,059 meter. 1 beschriebenes vorblatt, 321 neu gezählte blätter und 1 mit der rückseite an den hintern deckel angeklebtes blatt. Geschrieben zum theil in Florenz, nach bl. 21. 24 b. Innen auf dem vordern deckel steht von Molters hand: St. Blasien. Inhalt:

1. Auf dem vorblatt alte federproben, lateinische reimspiele u. dgl. [s. Mones anzeiger 3, 33], s. b.

Wer wol singen kan
Den bringt man selten an
Wer übel singen mag
Den hört man alle tag.

Mones hand setzt als titel: »Heinrici Ottner diaconi varia manuscripta ab anno 1439—42. cf. fol. 79b.«

2. Auf der rückseite: Proprietates dencium, *lateinisch.* Nota. *Anfang:*

Sälig ist der nümer übel spricht
Aber säliger ist der nümer ein näaten vernicht (? verricht).
Alle 6 zeilen enden auf icht.

3. Bl. 1. Kirchenlieder mit noten. De mortuis. *Anfang:*

Dies ire dies illa.

4. Bl. 2. De sancto Georgio sequentia. *Anfang:*

Sume laudes
Pelle fraudes.

5. Bl. 4 b. Lateinisches lied. Anfang:

Ave virgo graciosa stella sole clarior.

6. Bl. 5 b. Lied. Anfang:

Ave virgo gloriosa
Barbaraque generosa
Paradisi rubens rosa.

Darauf gebet an die h. Barbara in lateinischer prosa.

7. Bl. 6 b. De sancto spiritu. *Anfang:*

Nobis sancti spiritus gratia sit data.

Den übrigen lateinischen inhalt der hs. verzeichne ich nicht vollständig.

8. Bl. 13. Geschichte der sieben weisen meister,
lateinisch. Anfang: Qvidam Romanus Imperator unicum habuit
filium.

Bl. 21. Schluss. Scriptum in civitate Florencia in festo
Agathe virginis et martyris anno domini 1439 indictione prima.

9. Bl. 24 b. Explicit r e g i m e n s a n i t a t i s de dietis par-
ticularibus, scriptum in Florencia anno 1439.

Bl. 29. Dextra pars penne sit longior parte sinistra.

10. Bl. 29. O r a t i o, *deutsche prosa. Anfang:* Erbarm-
hertziger gott ich bitt dich dz du mir verlichist. *8 zeilen.*

11. Bl. 41 b. V o n dem gebenedicten namen Jesus.
Abhandlung in prosa. Anfang: Es ist zewissend als die glos
sprichet über das viij vnd xx capitel des buochs. Exodi.

Bl. 42 b. Schluss: Das wir mit im besiczen das ewig rich
amen.

12. Bl. 52. Incipiunt v i r t u t e s h e r b a r u m secundum
alphabetum. *Lateinisch, am rande von einer gleichzeitigen, dann*
von einer hand des 16. jh. einzelne deutsche namen beigeschrieben.

Bl. 55. Scriptum dominica Esto-michi anno 1439 in civi-
tate Florencia, ubi sunt pulcerrimi (? pulcerrime) mulieres et
virgines *u. s. w.*

Bl. 56. Datum: Florenz, aschermittwoch 1439.

13. Bl. 56 b. Einzelne deutsche zeilen und strophen.

> Vnd wer ich ir
> Als sy mir
> So wer nymant lieber ir
> Als [? Alt] affen
> Vnd jung pfaffen
> Vnd alt bern
> Sol kain man jn sein hus begern. . .
> Mich belanget ser der zit. . .
> Es ist der zitt schuld. . .
> Hab ain gut hercz. . .
> Mich javmert raine fro zuo dir
> Liebers ist nitt den du mir . . .
> Bittend für mich armen
> Got welle sich uber vns erbarmen . . .

Sider daz die trü still staut
Vnd die boßhait dar fůr gaut . . .
Ze vil trůwen ist nit guot . . .
Nieman waist des andern muot . . .
Got grüs uch jr selan vil guot . . .
Hilff Maria gottes muoter vß aller nott. . . .

Habere libros preciosissimum genus divitiarum genus est.
14. Bl. 57. Spruch. Fünf ding sind guot ainem
säligen gaistlichen menschen. *Anfang:*

Das erst ist das zit verliessen selten
Vnd nigen widerschelten.

15. Veni creator spiritus, *deutsch.* [*Vgl. Mones
anzeiger 3, 41. Gedruckt bei Wackernagel, kirchenlied 2, 747,
no. 985.*] *Anfang:*

Kvm hailger gaist mit diner guett .
Begaub vnd schow vnsrin gemuet
Mit den höchsten gnavden din
Tuo vns dines gaistes milte schin.

7 strophen. Die letzte:

Hilff vns gottes vatters willen tuon
Mit kraft gottes suns jm hösten tron
Dört ains mit jm bist öwenklich
Des loben wir waru gothait dich. amen.

*Andere deutsche versionen dieses hymnus, auch in 7 stro-
phen, s. Hoffmanns geschichte des deutschen kirchenlieds s. 268.
273. 359 ff.*
*16. Bl. 69. Lateinische hexameter auf könig Karl VII
von Frankreich.*
17. Bl. 70. Reimspruch.

Ich bins frow minne wolgestalt
Vnd von sölicher art geschaffen
Ich zůch an mich jung vnd alt
Bayde münch layen vnd pfaffen
Vnd wa ichs jn myn stricke zöch
Daz sy mich an werdent gaffen
So mach ich vß den alten göch
Vnd vß den Jungen affen.

18. Bl. 74b. Anfang einer lateinischen b e s c h r e i b u n g
von R o m.

19. Bl. 82. Deutsche abhandlung über d i e m e s s e. *An-
fang:* Dis sind zwöff (? zwölf) tugend der messe.

20. Bl. 83. R e i m s p r u c h. *Anfang:*

Ffürcht gott
Halt sin gebott.

21. Bl. 84b. De castro hochen Zorn. *Lateinische
hexameter. Anfang:*

Comes Fridricus Öttinger de Zor quoque dictus
Tyrannus totus in alimania bene notus.

*Vgl. Ein schön alt lied von grave Fris von Zolre, dem
Öttinger, im druck ausgegeben durch den alten meister Sepp.
Meersburg, 1842, s. 23. Belagerung, zerstörung und wieder-
aufbau der burg Hohenzollern, von L. Schmid, Tübingen 1867.
22. Bl. 104b.* M u s c a t p l u o t. *E. v. Groote hat die
hs. für seine ausgabe der lieder Muscatbluts (Köln 1853) benutzt.
S. vj. 257. [Vielmehr s. 289 ff., wo die hs. mit der Villinger
hs. unten no. 4 verwechselt ist. Vgl. auch Mones anzeiger 2, 230.
Wackernagel, kirchenlied 2, 490. Bartsch, Heidelberger hss. s. 29
zu 66, 144a.] Anfänge der strophen:*

Herta muot vnd rast bedenk wie vast . . .
Die zit die kam bis das der sam . . .

Bl. 105.

Ir cristen lüt ich uch betüt . . .
Ain ietlich pfluog muoß haben gnuog . . .
Nun nyeman war wie nun die schar . . .
Ob nun yement sprech Wie das sech . . .
Nun nemant war die akerpferd. . . .

Bl. 105b.

Ob ich vßleg wer nun die egt . . .
Wer nun ab snaid das edel traid . . .

23. Darauf noch einzelne strophen.

Ich wond ich hett ain bunt gesworn
Den het ich gern gehalten

Der hat ain krafft jm bad verlorn
Do ain andra kam do was ich gast
Du bist mir ain überlast.

24. *Anderes.*

Wenn ain frow all ir er vertuot
So ist si erst in ain badstuben guot.

25. *Anderes.*

Welhe nit fröw myn hoher muot
Die hab ir fud vnd laß mir myn guot
Wenn ich vmb gelt mynnen sol
So tuot mirs aine vmb iiij haller wol. . .
Wenn ayn frow. . .

26. *Anderes.*

Ich bin ir goch
Vnd noch vil menger och.

27. *Bl. 108b.* De corpore Christi. *Deutsche abhand-lung. Anfang:* Ain ieklich mensch sol gern enpfahen den hailgen fronlichnam.

28. *Bl. 111.* Gehab dich wol. Tytulus tabule. O hercz la faren. Hie Jnn ist geschriben Jn latin vnd jn Tütsch wie d ü r ü w v n d d i n b i c h t s i n s ü l l e n t.

29. *Bl. 120. Deutscher k a l e n d e r.*

30. *Bl. 121 am rande:* Daz sy dir Hainrico Anna sun f ü r d e n h e r c z r i t t e n guot.

31. *Bl. 121b. A d e r l a s s t a f e l. Anfang:* Wider ist guot lausen. *Auf der seite:*

Ain hecht ain rober
Ain trisch ain witwe oder rayserin
Ain äsche ain here
Ain Grundel ain frow
Ain Gropp ain pfaff
Ain llovgen gnuert
Ain Eglin ain schütz
Ain ffurn ain spiler
Ain Naß ain buob
Ain Alant ain gebaur stz filcz
Ain schlig ain ffries (? fiez).

32. Bl. 123. E n i g m a t a. Wenn es an dem morgen auffstät, Vier füß es an ym hat, So es mytten tag wirt, So sind ym zwen füß beschert. . . .

33. Ein andres r ä t h s e l. Anfang:

> Es saßen frowen der waren zwe
> In ainem finen grünen kle.

34. Bl. 123b. D e u t s c h e r e c e p t e. Pergament zu behandeln. Anfang: Novum remedium. du solt nemen des ersten ain guot pergamen.
Recept, den harn zu fördern. Anfang: Wilt du denn gern guot prunn machen.
Recept. Anfang: Wilt ir denn wyß tuoch oder garn oder zwirn faden guot liecht plaw machen.
Recept. Anfang: Welt ir denn gut gel machen so solt ir nemen ärbselholcz.

35. Bl. 124b. S p r u c h. Anfang:

> Wiltu dich mit eren erneren
> So solt du wizzeklich zeren.

36. S p r u c h. [Vgl. Fichards archiv 3, 262. Anzeiger für kunde der deutschen vorzeit 1855, s. 6; hs. 62, 153a]:

> Lüg nit vnd bis verswigen
> Waz nit din sy daz laß ligen.

37. S p r u c h:

> Amor vincit omnia daz wil ich wol sprechen
> Præ caritate nimia wil mir myn hercz brechen
> Equore quod conche, tot sunt in amore dolores.

38. Bl. 131b. Spruch über V e r o n i c a. Anfang:

> Do Jesus aller der welte got
> Wolt lyden der verdampnoten Juden spot.

39. Bl. 136b. G e b e t e. Anfang: Diß nachgendig gebett haut gemachett sanctus Augustinus.

40. Bl. 140. Dis ist der s e g e n, d e n b a p s t L e o k ü n i g K a r l e n s a n t e.

41. Bl. 140 b. Salve regina. *Deutsch. Prosa. Anfang:* Gegrüsset syest du küngin ain leben der erbermde. *Vgl. hs. 20. 42, 276b. Altdeutsche gedichte 1, 245. Hoffmanns geschichte des deutschen kirchenlieds s. 346. Aufsess's anzeiger 1832, 44 f.*

42. Reim.

> Ich wais ain mensch daz muos ich miden.
> Daz schaffet falscher klaffer gespräch
> Von im so trag ich haimlich lyden
> Wie gern ich jm der liebe verjäch.

43. Bl. 150. Geistliche prosa. Anfang: In dem anfang waz das wort vnd daz wort waz by gott.

44. Bl. 150 b. De sancto Judoco. *Anfang:* Dis sint die vier hochzit die ain jecklich mensch eren sol. *Am schlusse nennt sich wider* Hainricus Otter.

45. Notiz. Anfang: Sant Appollonien tag kommet am achtoden tag.

46. Bl. 151. Ain guoter segen. *Anfang:* Ich befilch mich hainrichen hüt jn die crafft vnd wort Als gott.

47. Bl. 151b. Lied in 13 strophen. *[Gedruckt bei Wackernagel, kirchenlied 2, 356, no. 513.] Erste:*

> Owe ich klag dir mensch mine not
> Daz ich din schöppfer vnd din gott
> Durch (? Durch dich) verloren hon myn leben
> Waz wiltu mir zelone geben.

Schluss bl. 152:

> Min volk du ker her zuo mir
> Die sünde die vergib ich dir.

Bl. 158b. Am rande: stipula fuchs fall.

48. Bl. 187. Sequuntur exempla predicabilia. *Lateinische erzählungen nach art der Gesta Romanorum.*

Bl. 188 z. b. anfang: Servus cujusdam canonici coloniensis ad colligendum. *Vgl. Caesar. heisterbac. dial. miraculorum lg. v. Strange. 1850. S. 337.*

49. Bl. 202 beginnen wider solche erzählungen.

50. Bl. 208. Miraculum de corpore domini *aus dem j. 1208.*

51. Bl. 208 b. Item aliud miraculum *aus dem j. 1318.*

Bl. 235 b. Datum: H. Otter. 1442, in villa Mettman-stetten, adjutor in divinis. *Vgl. bl. 296 b. Über Mettmann bei Elberfeld s. Herrigs archiv 48, 142 f. [Gemeint ist vielmehr wol Mettmanstetten im canton Zürich.]*

52. Bl. 240. Geistliche prosa. Anfang: Hugo de sancto Victore dicit. Sele myn Ich wais wol daz din leben nit anders ist dann gott.

53. Bl. 263 b bis 266 am rande notizen, wie Nota gar eben, Luog eben zuo, Sich an, Luog gar eben, Andacht, Luog zuo, Nota luog.

Bl. 296 oben: in onwetter.

Am rande links: zart (*zu* delicatum *im text*).

54. Bl. 277. Incipit liber de naturis animalium.

Bl. 269 b. Datum: Hainricus Otter 1442 in villa Mett-manstetten adjutor in divinis.

55. Bl. 300. Die 15 zeichen des jüngsten tags. Anfang:

Dis fünfzehen zaichen sond beschehen
Hab ich an ainem buoch geseben.

Schluss: Die erd vil gar verbrinnet
Gros clarhait sy gewinnet.

Dasselbe behandelt ein gedicht einer Münchner hs. bei Haupt, zeitschrift 1, 117. Langensteins Martina bl. 188 c. 189 b. Hans Sachs 1, 301. Lateinisch in Haupts zeitschr. 3, 523. Französisch in S. Adam, drame anglo-normand du 12 siècle hg. v. Victor Luzarche, Tours 1854, s. 69 ff. [Vgl. G. Nölle in Paul und Braunes beitr. 6, 413—476.]

56. Bl. 300 b. Reime über das weihwasser. Anfang:

Wenn ich mit wichwasser gesprenge mich
Des tüfels gewalt gat hinder sich.

57. Bl. 311. Comedium. *Lied mit singnoten. Gedruckt*

unter dem titel L i e b e s j a g d *in Mones anzeiger 1835, 453.*
[*Böhme, altdeutsches liederb. no. 439.*] *Anfang:*

> Wol vff mir wellind jagen
> Gon jagen für den wald.

Z. 5 heisst in der hs.:

> Redt yeder knab also.

Also ist durchstrichen, am rande steht dafür: ayn jungs.
58. P u r e n g e s a n g k. *Lied, mit noten, gedruckt bei Mone,
anzeiger 1835, 455.* [*Böhme, altdeutsches liederb. no. 18*]. *Anfang:*

> Es taget in Österiche
> Die sunn schint überal.

59. Bl. 311 b. L i e d ü b e r P e t e r U n v e r d o r b e n, *mit
noten.* [*Uhland, volkslieder no. 126. Böhme, altdeutsches liederb.
no. 34.*] *Anfang:*

> Ee. [Do ?] Zuo mitter fasten es beschach
> Daz Peter vnuerdorben gefangen lag
> Ze Nüwenburg in dem turne.

60. Bl. 312. L i e d. *5 notenlinien, aber die noten fehlen.*
[*Gedruckt in Mones anz. 5, 334.*] *Anfang:*

> Sich fröwt myn hercz gen disem maigen
> Es wachset plümly so mancherlaye.

61. L i e d. *Mit noten. Gedruckt bei Mone, anz. 1835, 452.*
[*Böhme, altdeutsches liederb. no. 71.*] *Anfang:*

> Ich wais mir ainen anger brait
> Der ist mit rosen vmbe lait.

62. Bl. 312 b. L i e d, *mit noten.* [*Gedruckt in Mones
anz. 5, 335. Böhme, altdeutsches liederb. no. 221.*] *Anfang:*

> Vnlust dett dich grüssen
> Din lib vnd och din guot.

Notiz. Anfang: Wer dem hailgen saut Joseph drysig tag
all tag drysig pater noster.
63. Bl. 321 b. R e i m. [*Gedruckt in Mones anz. 3, 32.*]

> Nadel in der täschen
> Wasser in der fläschen

In dem winter ayn schinhuot
Bedütet groß armuot.

64. *R e i m.*

Wer welle das jm wol geling
Der luog selb zuo sinem ding.

65. *R e i m.*

Hab acht wie sy sich halt
Vnd dann hab lieb jr gestalt.

*Herrn hofbibliothekar dr. A. Holder in Karlsruhe habe ich
für seine freundliche mitwirkung bei vorstehender beschreibung
herzlich zu danken.*

4.

Karlsruhe. Hofbibliothek. Cod. papyr. german. lxxiv.
*Stammt aus Villingen. XV jh. (bl. 181 b: 1438.) Papier.
H. 0,19. Br. 0,135. D. 0,045. 1 vorblatt und 190 bl. Kurz
beschrieben in Aufsess's anzeiger für kunde des deutschen mittel-
alters (2,280 f. 3,41), wie mir Bartsch nachweist. Inhalt:*

1. *Bl. 1. L i e d. Zeilen nicht abgesetzt. Anfang:*

O got vatter ewiges guot
Ich rieff dich an mit trewen
Min hercz min sin und och min muot
Solt du jn mir ernüwen.

Die strophenanfänge sind:

Ich bitt dich werder ewiger got.
Uertrib von mir durch din gewalt.
O du brunn der säligkeit.
In diner kraft min krankhaitt sterk.
Jhesus waurer gottes sun.
1b O mines herczen höchster hort.
Du haust vns lieb vnd gnaud erczaigt.
Erfülle din willen her jn mir.

Djn nott din liden din bittern tod.
Gib min an minem end Jhesus crist.
O waurer tröster hailger gaist.
Djn lieb erczaig mir wirdiges guot.
2 Trost vnd frid (? *f.* find) ich jn dir.
Du werder trost in aller not.
O höchster maister vnd wisser raut.
Zwich zu aller säligkait.
Maria muotter vnd maid.
Du haust geborn das höchste kind.
O helfferin in aller not.
2b Erzaig min frouw an minem end.
Du kaisserin des hymels thron.
O alle gottes hailgen.
Sechend mich an jm jamertal.
O ir burger der werden statt.
Ir engel gottes ir werden gaist.
3 Ir marttrer stark jr bichtiger stett.
Alle gottes hailgn verlaussend mich nit.

2. Sant Thomas gebet von Aquin von dem sacrament prediger ordens. *Deutsch. Prosa. Anfang:* Ich bett dich an jndechtige.

3. Bl. 4. Dissz gebett staut jn dem rechtbuoch so man das sacrament uff heptt. *Anfang:* Siest gepriest ain liecht der welt.

4. Bruoder Hainrichs Süssen gebet ains lantpredigers von Ulm. *Anfang:* E Man zuo dem sacrament gang.

5. Bl. 5b. Ein guot gebett von dem sacrament. *Prosa.*

6. Bl. 6b. Diß ist die ritterschaft Jesu Cristy die sol man voben die ganczen carwochen die wart geoffnet dur jusprechen des hailligen gaistes ainem sälligen Kartusser jn welschen lauden vnd diss haut ain cardinal bestättiget jn der kanczly zuo Rom. *Deutsch. Prosa.*

7. Bl. 9. Hic fachet sich an die guldin messa. *Prosa.*

8. Bl. 11b. Diß sind die siben zitt. *Prosa.*

9. Bl. 13. Lied. In der wisse der stolcze müllerin. *Vgl. Aufsess's anzeiger 2, 281. 3, 41. [Wackernagel, lesebuch 1⁵, 1365.] Anfang:*

Ich waiß ain Edlu maget fin.
Ain edliu künigin.
Ich waiß in allen landen
Kain stolczeriu kayserin
Solt ich ir lob nun sagen.
Vnd alle geschrift erfaren.
Das wer der wille min.

10. Bl. 14. Lied. Muschgart pluot. *Vgl. Aufsess's anzeiger 2, 230 f. [Nach der hs. gedruckt bei] E. v. Groote, Muskatblut s. 270 ff. [Auch hs. 62, 110b. Colmarer hs. 69d, Bartsch s. 10. Baseler hs., s. Bartsch, beitr. z. quellenkunde s. 285. Heidelberger hss. s. 120 zu 214, 3b.] Anfang:*

Ain Junkfrouw zart.
Gekrönet wart.
uff gottes sal.

Die übrigen strophen beginnen:

O Muoter gocz.
14b O Muotter mait.
Wol uff mit schall.
15 Junkfrouw solt ich.

11. Bl. 15. Muschat bluot von künig Aulbrechten her zuo Österrich. *Aufsess's anzeiger 2, 131. [Groote, Muskatblut 257. 347. Wackernagel, kirchenlied 2, 507, no. 662.] Anfang:*

In ainer nacht
Hab ich bedaucht.

Die andern strophen fangen an:

Ich hab gecelt.
Künig aulbrech.
Künig fürst vnd her.
Rob vnd brand.
Ich tuon wch kunt.
Durch din gebot.

12. Bl. 17. Lied. In des lieben (*Mone liest* Beben) wisse von Giengen. *[Vgl. Goedeke, grundriss 1², 313, 28.] 5 strophen. Vgl. Aufsess's anzeiger 3, 42. Anfang:*

Hoffart ob din nit wäre.

So waiss ich andriu mere.
Die sind der sele gar swere.
Der ist ain michel tail.

13. Bl. 18 b. Tanhussers tag wisse. *Lied. Vgl.
Aufsess's anzeiger 3, 42. Abgedruckt ebendas. 5, 171. [Vgl.
Bartsch, beitr. z. quellenk. s. 373.] Anfang:*

Ach wer haut mir min fröd entwand
Myn jamer ist geschwinde.

Schluss: Das er mir nit uerbietten magk
Versagt sy im minn griessen.

14. Bl. 21 b. Alblin onn sinne. *Lied. Vgl. Aufsess's
anzeiger 3, 42. Anfang:*

Priester du usserweltes vasß
Die höchsty seld die got besas
Du soltest dich besinnen bas.

3 strophen. Schluss bl. 22:

Almechtiger got des lob ich dich
Da wirt vnsser seld gemeret.

15. Bl. 22. Ain guot lied von dem abcde. *[Gedruckt
bei Wackernagel, kirchenlied 2, 440.] Vgl. Aufsess's anzeiger 3, 42.
[Cgm. 270, 197. 716, 46. Altdeutsche blätter 2, 335. Hoffmann,
Wiener hss. 243; kirchenlied 240. Weller, annalen 2, 203
no. 416; s. 572; repert. typogr. no. 1687. Bartsch, Heidel-
berger hss. s. 105 zu 183, 90 b.] Anfang:*

Ave balsams creatur
Du engelische figur.

Schluss: Das die wurtail wol behag
By den wsserwelten.

16. Bl. 26. Carmen bonum. *Prosa. Anfang:* Als
got der vatter zuo raut ward. Wie er den menschen erlössen welt.

17. Bl. 28. Camen (? Carmen). *Vgl. Aufsess's an-
zeiger 3, 42. Bartsch vergleicht noch Massmanns kaiserchronik
3, 589 f. Anfang:*

Do unser herr Jesus Cristus uff ertrich gieng.

Vnd menig man gnaud von jm empfieng.
Baydiu siechen vnd gesunt.
Die gnaud suchten vnd funden.

Legende von sieben ärzten. Schluss bl. 34 b:

Des hautt im got berait
In sinen thron die ewigu säligkait.

18. *ABC. Anfang:* Ain abgang aller creatur.
19. *Bl. 35. Lied. Vgl. Aufsess's anzeiger 3, 42. Anfang:*

Wel wir aber singen
Von hymelischen dingen.

Schluss: Und die junk frouen springend
Vor dem lemplin ewenklich.

20. *Bl. 35 b. Lied.* In für-wiss des L e s c h e n b r a n d s. *Vgl. Aufsess's anzeiger 3, 42. Anfang:*

Wipp ist ain erentricher nam
Und also recht gar wunesam.

21. *Bl. 37 b. Lied. S t r e i t z w i s c h e n w a s s e r u n d w e i n. Anfang:*

Der min gedanck haut sich gedaucht
Von zwaier lay tranck
Wend ir horen das min gesanck
Da kriegen von in baiden.

Schluss: Daz wasser besser nütze gyt
Des niement kan entberen.

Darauf ein blatt ausgerissen.
22. *Bl. 39. 1456. L i e d [von H a n s B r u d e r], 1456 sehr flüchtig geschrieben. Gedruckt durch Mone in Aufsess's anzeiger 1836, 79. [Vgl. Goedeke 2², 254, no. 9.] Aufschrift bei Mone: Der rauch beisst. Anfang:*

Ir heren vnd sind (*Mone* ir sunt) verstane
So wil ich euch beschaiden
Von ainem bidermane
Wie der het großeß laiden
Von ainem bessen wibe.

Str. 2:

> Die wolt die bruoch an tragen.
> Eß kost e was eß wel.

Im ganzen 15 strophen. Bl. 40 b ist leer gelassen, von einem späteren schreiber aber benutzt zu einer kritzelei. Anfang:

> Ein yeder muoß jetz geben
> Reißtaller bis mitentag.

23. Bl. 42 b. Item Georg im hoff hautt das geschriben. *Sodann fährt die hand von bl. 40 b fort mit einem liede. Anfang:*

> Der hauptman deth ietz reithen
> Die ferber gassen Nauff
> Es stondt vill burger lieth
> Vor ihrn aigen hauß.
> Er thet gar zürleh reüten.

24. Bl. 43. Lied. Gedruckt in Aufsess's anzeiger 1836, 333. [*Wackernagel, lesebuch I⁵, 1348.*] *Anfang:*

> Der sumer hat sich geschaiden
> Der winter ist im land.

Es sind 7 strophen.

25. Bl. 44 b. Lied. Streit zwischen leib und seele. Anfang:

> Ewiger gott her Jesu Crist
> Gewaltig aller dinge.

26. Bl. 46. 1453. Tanhuser. *Gedruckt Mones anzeiger 5, 169.* [*Vgl. Bartsch, beitr. z. quellenkunde, s. 363.*] *Lied. Anfang:*

> Auch got waß sol ich mich beklagen
> Der miner fiend ist also fül.

Es sind 9 strophen. Das ganze scheint concept und ist schwer zu lesen.

27. Bl. 47 b. Die hand von 40 b, 42 b fährt fort mit einem liede. Anfang:

> Es solt keiner auß bleuben
> Er mieß Sey Alle hon

Er hab ein schwere Sache
Sey werden halt verstohn.

28. Bl. 48. Deutsche prosa. Anfang: Ich kam trurig do
fraugtt man mich was die sache wer.

*29. Bl. 51 b beginnen von derselben hand ohne überschrift
deutsche sieben weise meister. Anfang:* Poncianus der kaisser
regnieret. *Schluss bl. 109:* Vnd behuob jn jn groussen erren
sin maister by jm vncz an jren tod.

*30. Bl. 109. Es kommen nun deutsche moralisa-
tionen über die 7 meister nach art der Gesta Romanorum,
unmittelbar anschliessend an das vorige, von gleicher hand ge-
schrieben, gleichfalls ohne überschrift. Anfang:* Poncianus der
kaysser richsnete. By dem kaysser ist vns geben zuo uerston.

*31. Bl. 122. Deutsche Gesta Romanorum mit geist-
lichen deutungen. Unmittelbar anschliessend an das vorige, von
gleicher hand geschrieben, ohne überschrift. Anf.:* Von Ponperio
dem kaysser. Ponperius der kaysser richsente mit gewalt.
Schluss bl. 181 b. Diß buoch haut geschriben bruoder michel
löslin prediger ordens hie zu vlm an dem achtenden tag der
kindelin anno dmn. M°. cccc°. xxxxviij° jar vnd ist das buoch
ist des erbren hainrichen jm hoff burger hie zu vlm und siner erben.
Bl. 182. Von der hand von ßl. 40b u. s. f.: Das buch
geherrt Dem Ernhaften *u. s. w.* Matheus Mutscheller zuo
Villingen 1628.

32. Bl. 182b. Lied. Vf simon vnd jvde tag. *Gedruckt
in Aufsess's anzeiger 7, 67. [Vgl. Böhme, altdeutsches liederb.
no. 44.] Anfang:*
        Nvn merckend all geliche
        Von ainer müllerin.

*22 strophen. Ein tomherr buhlt um die müllerin und wird
von ihr gehöhnt.*

*33. Bl. 185 b. Lied. Gedruckt in Mones anzeiger 5, 197.
[Vgl. Bartsch, beitr. z. quellenkunde s. 384.] Anfang:*
        Als fül ich mich bedencken kan
        So vyl ich üch mag wüssen lan.

Vierzeilige strophen von 4 gleichen reimen. Am schlusse steht die jahrszahl 1463. Nach Mone 5, 199 ist das lied vor 1460 verfasst.

34. Bl. 188. Von der hand des 17 jh. Lied. [Gedruckt in Mones anz. 5, 195.] Anfang:

> Es ist mir ein kleines Vogele entflogen
> Entflogen Auß meiner handt
> Es fleigt zuo einßheim aus der statt
> Wol yber das harte feldt.
> Es fleigt so harte vnd geschwinden
> Gen Breüßa (*Breisach*) an den Rein.

5.

Karlsruhe. Hofbibliothek. XVI jh. Papier. Bezeichnet n. 86. H. 0,205. Br. 0,15. D. 0,033. Aus dem kloster St. Georgen. [S. Mones anzeiger 3, 181 ff. Gesammtabenteuer 3, 773. L. Jensen, über den Stricker als bispel-dichter, Marburg 1885, s. 11.]

Vorn politische schriften aus dem XVI jh.

1. Bl. xb ein reim. Anfang:

> Carolus spar dich got gesundt
> Mach ain glouben: ain meß; ain muntz; ain pfundt.

Sodann folgen 142 gezählte blätter. Hs. des XVI jh. Der anfang fehlt.

2. Bl. 1. Erzählung. Anfang fehlt. Anfang:

> Vf sprang die jüngkfraw zw hand
> Weynend sy in vmbfieng
> Von fröden ier das hertz engieng.

Schluss: Den zwayen geliepten baiden
Geschach da vs der massen wol
Also noch billichen soll
Denen die rechte liebe hand
Vnd nymmermer abeland.

Also wol můs vns allen geschehen
Důrch gott sollend wier amen jehen.

Bl. 3. Bild.

3. Bl. 3 b. Erzählung ohne überschrift. Dieselbe findet sich auch in hss. zu Idstein und Würzburg. Von der letztern habe ich 1851 abschrift genommen. Vgl. Aufsess's anzeiger 1838, 236. [Haupts zeitschrift 3, 439.] Hs. 61, 125 b. Erzählungen aus altdeutschen handschriften gesammelt s. 372. Anfang:

Der trůw gylt mit untrůwen
Des würd ich nymmer haben růwen.

Ähnlicher stoff in Wielands Hann und Gulpenheh. Werke (Leipzig 1796) 18, 281. Schluss:

Vf vns gieß ewigklich on vnderlaß
Nůn wünschend alle mit mier das. Amen.

4. Bl. 9 b. Hie nach volget das buoch genannt d e r
S t r i c k e r, sind etliche e x e m p e l mit der selben geistlichen
aůßlegůngen. *Beschrieben in Aufsess's anzeiger 1834, 181. Die anfänge der exempel lauten [mit vergleichung von H = Heidelberger hs., cod. pal. germ. 341, beschrieben bei Bartsch, Heidelberger hss. s. 82 ff.; — K = Coloczaer codex; — M = Mölker hs., beschrieben Diutiska 3, 275. Gesammtabenteuer 3, 770; — N = Nikolsburger hs., theilweise beschrieben von B. Dudik, archiv für österreich. geschichte 1868, 514 f.; — R = römische hs., beschrieben Mones anzeiger 2, 285. Greith, spicil. Vaticanum 57 ff.; — W 1 = Wiener hs. 2884, beschrieben bei Hoffmann, Wiener hss. s. 87 ff.; — W 2 = Wiener hs. 2705, beschrieben ebenda s. 56 ff.; — W 3 = Wiener hs. 2885, beschrieben ebenda s. 93 ff. K M N sind nach stücknummern, die übrigen nach blattzahlen citiert]:*

Ain künig machet yrdine vass [H 209b. K 94. M 2.
R 6a. W 1, 111b. W 2, 127. Cgm. 273, 136].

Bl. 12b.   Ain würt herberget geste [H 192d (fehlt K). M 4. R 13b.
W 1, 112b. W 2, 84a].

Bl. 13b.   Ain hünd bemühet ainen man [*H 185a.   K 62.   M 5.
             R 15b.   W 1, 113a.   W 2, 74b.   Nach Cgm. 16 gedruckt in
             Docens miscell. 1, 51*].

Bl. 15.   Sich bekeret ain sündere [*H 211c.   K 97.   M 6.   R 18b.
             W 1, 114b.   W 2, 122b.   Dresdner hs. 68, s. v. d. Hagen
             und Büsching, grundriss s. 346*].

Bl. 23.   Ain thier ist Salamander genannt [*H 210b.   K 95.   M 9.
             R 28a.   W 1, 177b. 131b.   Gedruckt bei Hahn, no. 13*].

Bl. 24b.   Got havt den layen gegeben [*H 184b.   K 61.   M 10.
             N 4.   R 29b.   W 1, 118a.   W 2, 80a.   Gedruckt in
             Pfeiffers übungsbuch s. 27*].

Bl. 26b.   Der teufel havt in alle landt [*H 230d.   K 115.   M 11.
             R 31b.   W 1, 119a.   W 2, 171b.   Cod. Vindob. 2677, 98b
             (Hoffmann s. 86)*].

Bl. 30.   Vns thut Sanctus Lucas bekant [*H 192a.   K 72.   M 12.
             R 37b.   W 1, 121a.   W 2, 83b*].

Bl. 32.   Ain plinder man wart gefangen [*H 190.   K 69.   M 13.
             R 40a.   W 1, 121b.   W 2, 58a.   Cgm. 273, 150b.   Ge-
             druckt bei Hahn no. 8.   Weinhold, mhd. lesebuch³ 141*].

Bl. 33.   Ain herr ward ellende [*H 186a.   K 63.   M 14.   R 41a.
             W 1, 122a.   W 2, 83a.   Vgl. Hahn s. 97 f.*]

Bl. 34b.   Wer tag havt vnd sinne [*H 183c.   K 60.   M 15.   N 1.
             R 43.   W 1, 122b.   W 2, 116a*].

Bl. 35b.   Got thaylt Salomonen für [*H 186c.   K 64.   M 16.   R 44b.
             W 1, 123a.   W 2, 94b*].

Bl. 39b.   Ain herre wolt hochzayt hon [*H 205c.   K 87.   M 17.
             N 9.   R 48b.   W 1, 124b.   W 2, 58a.   Dresdner hs.
             M 68, 64b, v. d. Hagen und Büsching, grundriss s. 335.
             Vgl. Germ. 8, 46*].

Bl. 42.   Wer ain thuoch so weiss vnd klavr [*M 18.   R 51b.
             W 1, 125b*].

Bl. 46.   Ain thümme sele, ain thümmer leyb [*M 19.   W 1, 127a*].

Bl. 46b.   Dreuw ding sind got vngenem [*H 191c.   K 71.   M 20.
             R 56b.   W 1, 127a.   W 2, 93b.   Cgm. 16.   Bächtold,
             deutsche hss. aus dem brit. museum s. 90, no. 25.   Ge-
             druckt in Docens miscell. 2, 225.   Hahn no. 10*].

Bl. 48.   Ain ding ist das dick beschicht [*H 208b.   K 93.   M 21.
             W 1, 127b.   W 2, 58a.   Gedruckt liedersaal 1, 605.   Nach
             der Gothaer hs. bl. 109 zeitschr. f. deutsche phil. 4,316 ff.*].

Bl. 50. Ain man rovbet vnd stal [*M 22.* *R 61a.* *W 1, 128b.*
W 2, 103b. *Cgm. 16.* Gedruckt in *Docens miscell. 2, 211.*
Gothaer hs. bl. 74].

Bl. 56. Ain wûrt der fayle speis hat [*M 25.* *R 78b.* *W 1, 131a.*
W 2, 73b].

Bl. 57b. Ich klag ain ding das misse zimpt [*W 1, 132a*].
Ain herre wolt zw hof faren [*II 193d.* *K 74.* *M 1.* *R 3.*
W 1, 132a. *W 2, 105b*].

Bl. 60b. Ain reycher man vil guoter [*H 197d.* *K 78.* *M 3.* *R 9a.*
W 1, 133a. *W 2, 101b*].

Bl. 64. Wer bilde malen will vnd kan [*H 188d.* *K 67.* *M 26.*
R 79b. *W 1, 134b.* *W 2, 60a*].

Bl. 67. Ain stat was also gethon [*H 222c.* *K 109.* *M 27.* *R 82b.*
W 1, 135b. *W 2, 126b*].

Bl. 70. Ain jeger kam in ainen wald [*M 29.* *R 86a.* *W 1, 137a.*
W 2, 74a. Bächtold, deutsche hss. aus dem brit. museum
s. 89, no. 22. Gedruckt bei *Hahn, no. 9*].

Bl. 71b. In ainer stat saß ain man [*M 30.* *R 87a.* *W 1, 137b.*
W 2, 97b].

Bl. 75. Ains herren sûn der mißriet [*H 223b.* *K 111.* *M 31.*
R 90b. *W 1, 139a.* *W 2, 93a*].

Bl. 77. Schlangen sind die lassend ier heut [*H 223c.* *K 111 (?)*
M 32. *R 92b.* *W 1, 139b.* *W 2, 95b*].

Bl. 78b. Ain herre das geruochte [*II 224c.* *K 112.* *M 33.* *R 94b.*
W 1, 104b. *W 2, 154a*].

Bl. 80. Ain gast kam zw ainem leutgeben [*H 200a.* *K 82.* *M 34.*
R 96a. *W 1, 141a.* *W 2, 108a.* *W 3, 146b.* Innsbrucker
hs. no. 46, Mones anzeiger 5, 338].

Bl. 83. Ain nüssboumb was geraten wol [*II 295a.* *K 153.* *M 35.*
R 99b. *W 1, 142a*].

Bl. 84. Des nachtes da jederman schlief [*H 259a.* *K 154.* *M 36.*
R 100b. *W 1, 142b.* Gedruckt in *J. Grimms Reinhart
Fuchs 330.* Müllenhoff, sprachproben [3] 124].

Bl. 85. Es was ain reycher sündiger man [*H 193b.* *K 73.* *M 37.*
N 2. *R 101b.* *W I, 143a.* *W 2, 71a.* *Cod. Vindob.
2779 (Hoffmann s. 18; Diutiska 3, 373).* *Cod. pal. germ.
314, 54b.* Oben *hs. 2, 136b.* Gedruckt *liedersaal 1, 593.*
Müllenhoff, sprachproben [3] 123.] Vgl. Lassbergs Schwaben-
spiegel s. 18.

Bl. 87. Ain könig was so ernsthafft [*H 194d. K 75. M 23. N 3. R 67b. W 1, 143b. W 2, 72b. W 3, 181b. Gedruckt liedersaal 1, 357. Vgl. Goedeke, dichtungen von H. Sachs 1², 89. V. d. Hagen, grundriss 401, no. 2. 402*].

Bl. 91. Ain kunig bat zway reych [*H 203d. K 86. M 24. N 7. R 72b. W 1, 145b. W 2, 109a*].

Schluss: Hie nimpt der stricker ain ende
Got behüt vns vor missewenndo
Vnd helf vns zw dem reiche sein
Behüte vns vor ewiger pein.

5. Bl. 95. Hernach volget das buoch das herr Freydanck gedichtet haut, auß welchem man vil guoter lere nemen mag. *Diss scheint ausgerissen. Vgl. Mone im anzeiger 3, 183.* [*Gesammtabenteuer 3, 773.*]

6. Bl. 96 beginnt ein allegorisches gedicht so:

Vntrew, Vinantz vnd argelyst
Der welt zw sammen beschryben ist
Ver leben zw Empfahen hie
Lise fort, so würstû erfaren wie.

Bild. Anfang bl. 96b:

Da ich ains mals zouch vber landt
Ain strass die mier was vnbekannt
Verleycht von vnfal also verplennt.

Schluss bl. 136:

Meyn herr das will ich selber thuen
Dann ich all wort in gedechtnüs hon
Setzt mich bald nyder auf den plon
Fieng gleich mit ernst zw schreyben an
All handlüng wie dann vor gemelt
Von vntreuw diser bösen welt
Gott well vns krafft vnd sterck verleyhen
Das vns zür warnung möcht gedeyhen
Zw besserung vnsers bösen lebens
So würt der glaub nit seyn vergebens
Des helf vns got in hymmels tron
Mit sampt seynem allerliepsten son
Vnd seynem hayligen gayst on endt
Auf das seyn kyrch nit werd geschennt. Amen.

Bl. 136b. Bild.

7. *Bl. 137.* E r z ä h l u n g. *Anfang:*

> Aynsmals was mier meyn weyl gar lanng
> Ich thet dürch kürtzweyl aynen ganng
> Vber ain wasser in ayn aüwen
> Nach hertzenlust was ich anschawen.

Schluss von bl. 142b:

> Im nammen gottes wil ichs thuen
> Dem will ich euch befelhen nun
> Got geb euch allen sterck vnd krafft
> Wyder des teufels aygenschafft
> Bit got für mich vnd meyne gesellen.

Der schluss scheint ausgerissen.

6.

Karlsruhe. Hofbibliothek. Codex pergamen. german. xxxv.
*XIV jh. Papier. Höhe 0,25. Breite 0,17. Dicke 0,027.
104 blätter. 2 spalten auf der seite. Gehörte dem grafen von
Fürstenberg, 1369 von der frau von Fürstenberg den benedictiner-
nonnen in Ambtenhausen geschenkt, deren kloster unter dem abt
von St. Georgen stand, von wo aus das buch nach Karlsruhe
kam. Beschrieben von Mone im anzeiger 1836, 322 f. Dann
in meinem verzeichnis der doctoren, welche die philosophische
facultät in Tübingen im studienjahre 1848 bis 1849 ernannt hat.
Tübingen 1849. S. 4. Vgl. hs. 1, s. 1. Inhalt: Marien-
leben von Walther von Rheinau. Gedruckt ist einzelnes
durch Mone im anzeiger a. a. o., in seinen schauspielen des
mittelalters 1, 181. Das ganze ist von mir herausgegeben in 4
Tübinger universitätsprogrammen 1849, 1852, 1853 und 1855,
zusammen unter dem titel: Walthers von Rheinau Marien-
leben, herausgegeben von Adelbert von Keller. Tübingen, 1858.*

Anfang: Hie vahet an daz erste vorgewerbe diz bûchs vnde wie
der tichter got bittet vmb gelûke.

> Sit lebendiger nieman
> Ane Gottes gnade kan
> Gûtes icht beginnen.

Einzelne blätter fehlen. So auch der schluss. Schluss von
bl. 104 d:

> Si vûr ze Nazareth herwider
> Vnd was da zwei vnd zwenzig iar.

7.

Karlsruhe. Hofbibliothek. 1431 beendigt. Pergament. H.
0,368. Br. 0,275. D. 0,036. 148 von mir gezählte blätter.
3 spalten auf der seite. Innen auf dem vordern deckel: Emit
D. Philippus Jacobus Monast. S. Petri in Silva nigra abbas
a⁰ 1763.

Inhalt: Titurel. Anfang:

> An angeng vnd an lecze
> Pist du got ewig lebende.

Schluss: Vater sun hailiger gaist
> Mache vns die hymel fraud erchennet. Amen.

Explicit liber Tyturelis de Eschenbach Per manus Petri
geir Notarii Anno domini 1431 jn die sancti Achacij martiris
et sociorum eius martyrum. [*Vgl. Zarncke, der graltempel.*
Leipzig 1876, s. 8.]

8.

Karlsruhe. Hofbibliothek. Cod. perg. germ. **xxxvi.** *XIII oder*
XIV jh. Pergament. H. 0,215. Br. 0,183. D. 0,03. 108 bl.
2 spalten auf der seite. Gehörte früher dem kloster St. Georgen.
Beschrieben von Mone im anzeiger [3, 184 ff. 4, 364 ff.], wo

auch auszüge mitgetheilt sind. Inhalt: Homilien.
Auf dem dem vordern deckel angeklebten blatte ein stück
einer solchen. Anf.: Petre amas me. Disv wort sprichit vnsir
herre zi sant Petir. Petir minnast tu mich.
Bl. 1. Anf.: Der wissage sprichit alsus von vnsirs herren
gebúrte húte ist der vride her nidir komin.
Schluss fehlt. Ende von bl. 108 d: Fröwen ivch. wan ir
sunt uirget sin allih iuwirs laidis vnd allir betrûbide. und
sunt gesattot wer. [*W. Wackernagel, altdeutsche predigten.*
Basel 1876, s. 262 ff. 384 ff. 517 ff.].

9.

Karlsruhe. Hofbibliothek. Ein eingelegter zettel von Molters
hand gibt die numer 25, auf bl. 1 steht N. 19. *X V jh. Papier.*
H. 0,305. Br. 0,205. D. 0,045. Spalten gezählt auf 28,
dann wieder von 1 bis 486, von mir weiter foliiert mit fort-
laufenden numern bis 574. 2 spalten auf der seite. Gekauft
1763 von Philipp Jacob abt von St. Peter auf dem Schwarzwald.
Inhalt:
1. *Sp. 1—28. Deutsche prosa.* Einleitung zum
wälschen gast. [*Vgl. Rückerts ausgabe s. 403.*] *Anf.:*
Swer die materie wissen wil da von dicz pûch sage der vindet
die materie alle nach einander Dicz pûch ist getailt in zehen
tail vnd etlich tail hat cehen Capitel Etleiches mer etleicher
minner Vnd ain iegleiches Capitel hat sein laut Etleichs vil
·Etleichs lucel.
Nach sp. 28, bl. 11, beim beginn der neuen columnierung
sp. 1, beginnt der wälsche gast von Thomasin von
Zirclaria. Anfang:

> Swer gerne list gute märe
> Ob der selb gût were.

Zwischenein ist raum gelassen zu bildern, die nicht ausge-
führt wurden. Schluss sp. 486:

Hie wil ich dir ende geben
Got geb das wir an ende leben
Durch die drey heilig namen
Vater sün heiliger geist amen.

2. Sp. 488. Daz lieht der seel. [*Vgl. Zingerle,
Germania 22, 41.*] *Anfang:*

Von himel send mir got chraft
Leich mir sinn vnd maisterschaft.

*Nach dieser einleitung kommt eine prosaische vorrede. Das
buch, prosa, beginnt bl. 489:* Dicz Puech haysset das liecht der
seel. *Das ganze hat 104 capitel. Bl. 572 kommen noch folgende
verse:*

Hie hat das puch end
Got vns sein gnad send
Es ist geteutschet worden
Do man zalt nach rechtem orden
Tausent vnd virhundert iar
Vnd sechvndzwainczig furwar
Kantest du en nu gern
Des wil er dich gewern
So liss am ersten anegang
Die ersten puchstaben nach der leng
So vinstu seinen namen
Des er sich nicht wil schamen
Nu ist war das ich han gehort
Das etlich maß mein sin betort
Der pucher sollen zwai wesen
Gnant das licht der sel als man mag lesen
Das gros vnd das klain
Ich vand aber nur allain
Das klainer als es hie vor stat
Wer aber dorab ain verdrissen hat
572b Den fleissig ich wil pitten
Das er mit guten sitten
Das ander puch auch wel machen
Ich han oft must krachen
Ee ichs czu samen hab klaubt
Es hat mir oft mein sin braubt
Das wil ich auch ainem andern geunen wol
Vnd em dancken als ich sol

Wer auch sei ain gut gesel
Vnd dicz puchlein straffen wel
Dem wil ichs nicht verubel haben
Vnd pitten das en wel begaben
Got der almechtig herre
Wan ich pin em villeicht zeuer
Das ich em selber dank
Wie wol ich pin an kunsten krank
So han ich doch das pest getan
Vnd wil dorumb chain lon han
Das gots vnd vnser liben frawn
Das wir die ewigclich mussen schawen
Des helf vns aller helgen namen

u. s. w. Der name des verfassers, der sich aus dem akro-
stichon bl. 488 ergibt, ist: Vlrikh pfarrer ze Tirol.

10.

Karlsruhe. Hofbibliothek. Cod. S. Petri, *ohne numer.*
Ein eingelegter zettel trägt die numer 85. XIV jh. Pergament.
II. 0,22. Br. 0,167. D. 0,022. 111 bl. 2 sp. auf der seite.
Gehörte dem kloster St. Peter. Bl. 1 steht als name des besitzers:
Emit Philipp. Jacob. Abb. 1781. *Inhalt: Deutsche homilien*
und andere geistliche betrachtungen. Anfang:
Sancte Lucas schribet vnz do vnser herre wandelte vf ertrich
in minschlicher nature do waz ein richer man der begerte
Jesum ze sehende. Do in mochte er sin vor der vili der schar
niht gesehen.

Bl. 57d ist brûder Eckart *citiert.*

Bl. 92c kommt eine predigt von ihm: ein bredie von vnzer
herren lichamen, die det brûder Eckehart.

Bl. 100. Hie vahet ane die vij gaben dez heilgen
geistez. *Anfang:* Die erste heizet wisheit vnd disv gabe
machit dem menschen got vnd alle gûte ding svse.

Die betrachtungen brechen ab bl. 109d.

Bl. 110. Deutsche geistliche verse, vierspaltig und ohne ab-

setzung der zeilen geschrieben. [*Gedruckt bei Pfeiffer, mystiker 2, 516.*] *XV jh. Anfang:* Were helle noch himelrich noch denne wolte ich. Minen got sûzer uatter dich. *Schluss bl. 111:*

Daz sont ir alle meinen kinder uberal
llent in daz hohste gŷt daz ist der uberschal.

11. 12.

[*Die Bechstein'sche handschrift von* **E b e r n a n d s v o n E r- f u r t** *gedicht von kaiser Heinrich und Kunigunde, nebst deren moderner abschrift.* **Hs. 11,**] *bl. 30c. Geistliche prosa. Anfang:* Eyn gut mensche begerde daz er gerne hedde. *Schluss bl. 32c:* des fleysches wider vfferstandunge vnd ewig leben amen.

13.

[*Stuttgarter handschrift des* **W i g a l o i s**, *hs. C bei Pfeiffer, s. X*].

14.

Basel. Universitätsbibliothek. B. VIII. 27. *XIV jh. Pergament.* [*Hs. der* **M a r t i n a** *von Hug von Langenstein, etc.*] *Beschrieben von J. v. Lassberg in der vorrede zum Littower, von Graff, Diut. 2,115, von W. Wackernagel, altd. hss. der Basler universitätsbibliothek s. 39.* [*A. v. Keller, Martina, s. 738.*]

15.

Stuttgart. K. privatbibliothek. N. 16. XVI jh. Papier. H. 0,193. Br. 0,16. D. 0,016. 109 von mir gezählte blätter.

Gehörte 1674 dem kloster Weingarten. Inhalt nach dem neuen
rücktitel: Thomas Lirers schwäbische Chronik. *Prosa.*
Anfang: Im Namen Gottes Amen. In diser Cronickh Würdt durch
Verdrießlich Vermeiden launger geschrifft zulesenn. *Bl. 72 be-*
ginnt eine spätere hand. Die chronik ist fortgesetzt bis 1463.
[*Vgl. Massmann, kaiserchronik 3, 355. Stälin, wirtemb. gesch. 3, 9*].

16.

Augsburg. Stadtbibliothek. XV und XVI jh. Papier. [*Hs.*
A der fastnachtspiele. Die beschreibung gedruckt in den fast-
nachtspielen, nachlese s. 324 ff.]

17.

Tübingen. Universitätsbibliothek. Bezeichnet M. d. 118
(ol. 1271). *Papier. XV jh. Fol. Ganz wie n. 117 geschrieben.*
Anfang und schluss fehlt. Blätter von 9 bis 345 roth gezählt.
Heiligenleben. *Besonders ausführlich sind die drei könige*
bl. ccxlviii ff. behandelt.

18.

Tübingen. Universitätsbibliothek. Bezeichnet M. d. 121
(ol. 1484). *Papier. XV jh. 4°. Vorn steht: das ist de swesteren*
zů ogelspiren, *auf der anderen seite:* Die bredigen von den
Wyhennächbten ist der suestren zů ougelspiren. *Auf dem rücken*
ist das ms. bezeichnet als Sermones adventuales, *mss. peranti-*
quiss. saec. 13. *Inhalt:* Deutsche predigten, *die zum*
theil in frühere zeit hinaufreichen mögen. Dass alte predigten
dieser art später so überarbeitet worden, vgl. Herm. Leysers
deutsche predigten des XIII und XIV jh. s. xxv. Die pre-
digten gehen von advent bis ostern. Anfang: Ego sum vox cla-

mantis in deserto Ich bin ain stimm des rueffenden in der wuesti.

Am schluss steht die leidensgeschichte Christi mit der geschichte der juden von Datan bis auf die zerstörung Jerusalems. Anfang: Dar nach do Lazerus siech wart hin gen Östren nahent.

19.

Tübingen. Universitätsbibliothek. Bezeichnet M. d. 122 (ol. 1486). *Papier. kl. 8⁰. XV jh. 75. gez. bl. Das buch gehörte, nach dem einband zu schliessen, den nonnen in Ogelspyren, 1732 dem Johann Baptista Morer daselbst. Auf dem rücken ist es bezeichnet als* Cursus marianus. *Anfang:* Hje fanhend sich an die siben tag zyt vnser lieben frowen nauch römischer ordnung vnd zum ersten zuo der metten *u. s. f.*

20.

Tübingen. Universitätsbibliothek. Bezeichnet M. d. 123 (ol. 1489). *Papier. kl. 8⁰. XV jh.* [S. *altdeutsche gedichte s. 245 ff.*]

21.

Tübingen. Universitätsbibliothek. Bezeichnet M. d. 124 (ol. 1251.) *Papier. XV jh. 4⁰.* Boecius von der tröstung der wissheit. *Übersetzung des buchs* de consolatione philosoph.

22.

Tübingen. Universitätsbibliothek. Bezeichnet M. d. 128 (ol. 1270). *Papier. XIV und XV jh. Fol. 2 sp. auf der seite.* Die guldin bulle. *Das letzte bl. des registers am schluss fehlt.* **B i b l i s c h e g e s c h i c h t e** *von Joseph bis zum buch der könige incl. Tractat geschr. von* **J o h. D i e l** *conventual in Zwiefalten 1451. Anfang*: In dem namen der hailgen vnd vngetailten dry vâltikait vnd vnser fröwen der ewigen magt ze lob vnd ze ere vnd allem hymelschen herr ich hon gedächt ich wölle mich versuchen ob ich zetütsch müg machen vnd bringen das bûch das da betrachtet ob Jesus marie sun der recht h b gehebt das er die helle hab berobt.

23.

Tübingen. Universitätsbibliothek. Bezeichnet M. d. 129 (ol. 1258). *Papier. X V jh. Fol.* **E r k l ä r u n g** *d e s b u c h s* **E c c l e s i a s t e s.**

24.

Tübingen. Universitätsbibliothek. Bezeichnet M. d. 162 Grpp. *Papier. X V jh. Fol.* **C ö l l n e r** *s t a t u t e n und concordate der freien reichsstadt Cölln von 1437, mit nachträgen von 1515.*

25.

Tübingen. Universitätsbibliothek. Bezeichnet M. d. 221 (ol. 158). *Pergament. X V jh. 16°.* **B r e v i e r.** *Von M. Crusius hand steht vorn:* **P a p i s t i s c h b e t b û c h l i n.** *Anfang:* Dis ist der selen vesper.

26.

Tübingen. Universitätsbibliothek. Bezeichnet M. d. 227 (ol. 218). *X V jh. a. Fol. 1)* **S c h w ä b i s c h e s** *l a n d - u n d*

*lehenrecht. 1424. Vgl. Lassbergs ausgabe. Anfang fehlt,
im XVI jh. ersetzt. 2) Das recht der stadt Augsburg
vom j. 1276.*

27.

Tübingen. Universitätsbibliothek. Bezeichnet M. d. 277.
*XV jh. 8°. Deutlich geschriebene pergamenths., war einer topograph.
beschreibung von Rom vom j. 1501 angebunden. Inhalt ascetisch.
Anfang:* Daz sint die fůnf sinne. damit der mensche sundet
Der erst sinne ist gesiht der augē Damit sundet der mensche
daz er siht gern schőn lůt. *Schluss*: Den funfzehendō sprich
vñ man mich aller miner wnden der waltē niunhundert vnd
niun tusent vñ funf vñ drizich. ccc.

28.

Tübingen. Universitätsbibliothek. Bezeichnet M. d. 289.
*XV jh. 4°. Pergament. Vom k. rectoramte der universität über-
geben aus dem geräte der 1845 verlassenen aula nova, sommer
1846. Bothnangisches pfarrbüchlein, festkalender
für das ganze jahr, mit gebeten, angabe der reliquien u. s. w.*

29.

*Darmstadt. Hofbibliothek, 2254. XIV oder XV jh. Perga-
ment. [Hs. der Elisabet. Graff, Diut. 1, s. 343 ff. Rieger
s. 3 ff.]*

30.

Tübingen. Universitätsbibliothek. Bezeichnet M. d. 367.
Hugo von Langenstein, marter der heiligen Martina. Ab-

schrift des manuscriptes der Basler bibliothek, hs. 14, durch stud.
Joh. Gussmann 1853. [A. von Keller, Martina s. 738.]

31.

Tübingen. Universitätsbibliothek. Bezeichnet M. d. 334
Grp. **H e r t z o g   A l b r e c h t   u n d   O t t e n   v o n   Ö s t r e i c h**
f r e i h e i t e n   1336.

32.

Tübingen. Universitätsbibliothek. Bezeichnet M. d. 1 (ol.
13. K. 19). *Papier. Bl. 1—5 XVI jh., bl. 6 ff. XV jh. Bl. 6*
unten steht: Hunc librum legavit dominus conradus hager ca-
nonicus in ehingeñ stipendio de frankenhawsen etc. anno domini
39. *4⁰. Fascikel von 12 blättern. Inhalt:*
Bl. 1. 2. 5 (3 und 4 ist leer). Rechnungen eines specerei-
händlers über sein guthaben für gewürze, gold u. s. f. an Hans
von Werdenberg, Jacob Werderle von Sultz u. s. f. Anfang:
Item Junker Hans von Werdenberg sol mir c pfvnnd Imber.
Bl. 6 ff. Gerardus odonis super libro etticorum
(Aristotelis?), *lateinisch. Anfang:* Quidō virtus scrutamur ut
boni efficiamur.

33.

Tübingen. Universitätsbibliothek. M. d. 2 (ol. 20. O. 28).
Papier. Zeichen n⁰. 4. XV jh. 324 blätter. Geschrieben zu
Ulm 1404 nach bl. 33b. Viele malereien. Früher im besitz
des M. Joh. Jac. Schmid, Diac. Tuttling. MDCCVI. Notizen
darüber finden sich in den Tübinger berichten von gelehrten sachen
vom j. 1752, s. 17, wo indess der name des monats decembers
slachtmonat *heissen sollte.*
Vgl. auch Ernst Dronkes beiträge zur bibliographie 1, 37.

Kalender, ephemeris perpetua, *berechnet auf 1405, anleitung zum aderlassen, diät, von den himmelszeichen, ihrem einfluss auf die erde und den microcosmus, von den planeten, welche stunde jeder des tags regiert, von den sternbildern und ihrer magischen bedeutung, dazu viele geomantische tafeln. Anfang:* Hartmont hat 31 tage. der mone hat auch wol drissig tage.

34.

Tübingen. Universitätsbibliothek. Bezeichnet M. d. 20 (ol. 1892). *Pergament. XIV jh. 412 blätter, zum teil sehr verstümmelt, in einer mappe. Bruchstücke des jüngern Titurel an dem einband der hugonischen postillen durch mich entdeckt und abgelöst im november 1838. [Gedruckt Germania 22, 16 ff.]*

35.

Tübingen. Universitätsbibliothek. Bezeichnet M. d. 112 (ol. 1628). *Papier. XV jh. Fol. Allgemeine geschichte. Anfang:* Meldung vonn ainer allttenn history zu beschreibenn.

36.

Tübingen. Universitätsbibliothek. Bezeichnet M. d. 114 (ol. 1487). *Papier. XV jh. 8°. Auf dem rücken bezeichnet als* Ascesis collectanea germ. ms., *eine sammlung von gebeten u. dgl., welche der prediger zu Bybrach den schwestern zu Ougelspyren zum neujahr gegeben. Es sind darin unter and. sprüche aus den kirchenvätern,* etlich lere oder regel ainer gaistlichen vbung, *gebete nach den tagszeiten,* ain lere Sancti Anshelmi die er geschriben haut siner schwester ainer junckfrowen jn der er ir schrybet wie sy ir betrachtunge layten sol *u. s. f.,* ain gepett

anshelmi, ain begirliche raytzung zů der liebin cristi. *Am*
schluss steht die jahrszahl 1475. Anfang: Vnser herre cristus
spricht zů siner gesponsz.

37.

Tübingen. Universitätsbibliothek. Bezeichnet M. d. 117
(ol. 1269). *Papier. XV jh. Fol. Zwei spalten, von etwa 32 zeilen.*
378 mit roten numern bezeichnete blätter; dazu 3 bl. register.
Das b û c h v o n d e n h e i l i g e n die da jn dem ganczen Summer
vnd von etlichen höligen die da send jn den andern pistumen
etc. *Das buch gehörte früher dem am 22. febr. 1689 geborenen*
Hannss Georg Rummel in Feuchtwang. Eine ganz ähnliche
handschrift findet sich in der bibliothek des evangelisch-theolo-
gischen seminars hier, worüber vgl. Wackernagels deutsches leseb.
5te aufl. 1, 1397. Haller allg. liter. zeit. 1839 märz sp. 415.
Anfang: Sant Ambrosius.

38.

Tübingen. Universitätsbibliothek. Bezeichnet M. c. 57 (ol.
89. Z. 149). *Pap. XV jh. Fol. Auf bl. 1 unten steht:* Dominus
Conradus Hager Canonicus in Ehingen dedit istum librum
stipendio Frankenhausen. *Inhalt: Lateinisches w ö r t e r b u c h*
mit vielen deutschen glossen. Am schluss, ebenfalls in alphabe-
tischer ordnung, ein verzeichnis über die flexion der verba, ein
gleiches über partikeln. Anfang: Domine deus nescio loqui quia
puer ego sum.

39.

Mainz. Stadtbibliothek. N. 30. *XV jh. Papier. Braune*

lederdecke. H. 0,124. B. 0,094. Gehörte früher der Mainzer universität. Inhalt:

1. Dit is de affscheidonge vns leuen heren van (vnd ?) synre leuer moder. *Anfang:* Doe vnse lieue here Jesus xxxiij iair alt was.

2. Dit is de passie vns leuen heren we men die mit andacht sal betrachten. *Anfang:* Vp den groenen donnerssdach als vnse lieue herre Jesus.

40.

Mainz. Stadtbibliothek. N. 193. XV jh. Papier. Weisser lederband. Sammelband, deutsche prosa. Geschrieben in Würzburg 1420 von bruder Konrad Rumpf, conventual Sancti Stephani ordinis Sancti Benedicti. *Das buch gehörte früher* in dacz kloster czu sand Gilgen in Nurberg gelegen. *Inhalt unter anderem:*

1. Von dem leiden Christi vnd mitleyden Marie.

2. Vil andachtiger pet, so man communiciren bil vor vnd nach.

3. Ein gemeine peicht.

4. Ein püchlein von dem lob der closterleichen gemaynschaft.

5. Der Tvngulus (*d. h.* Tungdalus) von dem fechfeur.

6. Dy heyligen stet in dem gelobten land do der herr ibesus xps gebandert hat. *Diese letztere schrift steht nur im inhaltsverzeichnisse auf dem vordern deckel, fehlt aber im buche selbst.*

41.

Stuttgart. K. handbibliothek. N. 58. XIV jh. Papier. Einband: holzdecken, sehr wurmstichig. Höhe 0,305. Breite 0,21. 77 neu gezählte blätter. 2 spalten auf der seite. Be-

*schrieben von Graff, Diutiska 2, 57. Inhalt: Gedicht über herzog
Wilhelm von Österreich. Anfang:*

> Eyn herzoch was in osterreich
> Gesessen der was lobiclich
> Vnd was an allen eren lobesam
> Des gewalt ging weitten an.

Schluss fehlt. Letzte zeilen bl. 77 d:

> Ich weiß nu erst was got geit
> Loneß seinen dieneren.

*Dasselbe gedicht, als dessen verfasser Johann von Würz-
burg sich nennt, findet sich auch in andern handschriften, und
zwar mit einem hier fehlenden eingang. Vgl. Kochs compendium.
Berlin, 1790, s. 71. Zacher in Haupts zeitschrift für deutsches
altertum 1, 214. Hoffmanns Wiener handschriften s. 150 f.
K. Goedeke, deutsche dichtung im mittelalter s. 865. [Grundriss
1², 258.] Über die sage vgl. Jenaer allgem. lit. zeit. 1844, 1252.
Anspielung darauf in Altswerts spiegel. Meister Altswert s.
158, 6, wo* Barcalysen *zu lesen ist. Vgl. Haupt 1, 220. In
unserer hs. heisst sie* Poraclise; *z. b. bl. 72 c.*

42.

Regensburg. Kön. kreissbibliothek. [Ms. I. fol.] *XVI jh.
Bl. 410 und 414 das jahr 1510. Papier. Holzband. Hoch
0,315; breit 0,215; dick 0,09 meter. 434 blätter. Beschrieben
dem poetischen theile nach in* Mones anzeiger 1838, 493. *Benützt
von* Uhland, *volkslieder 1, 974. [Gesammtabenteuer 3, 794, no. 106.]*

1. *Bl. 1a. Pergamentblatt, fragment eines lateinischen
mes sbuches.*

2. *Bl. 1b.* Ordnûng.

3. *Bl. 1c.* Copey der ordnûng auf dem Reichstage
zû Augspûrg durch dy Römischen königlichen Maiestat,
Chûrfûrsten Fûrsten vnnd Stännde, des heyligen Romischen Reichs

jm fünftzehennhundertissten Jare beslossenn. *Diss von viel besserer hand geschrieben, als alles folgende.*

4. Bl. 1d. Anfang: Wir Maximilian von gottes genaden. *Bl. 14 leer.*

5. Bl. 15. Eine reihe von kochrecepten.

6. Bl. 27b. Medicinische recepte für krankheiten der menschen. Ebendaselbst Erczney von Rossen.

7. Bl. 30. Item das sindt dy siben wort die got selber sprach, da er an das creucz gnagelt wardt. Item wer dy pey jm tregt der ist gebert von got *u. s. w. Abschrift hat Uhland genommen.*

8. Bl. 30b. Hie nach stendt verzeichnet die ausgeprantenn wasser, jn welcher mas man dy zw den glydern nützen vnd prauchen sol, Als den maister michel schreibt [Schrick?] doctor der erczney, dy peschriben hat vnd ist gar güt vnd nüczlich zw bissen.

9. Bl. 32. Hie nach volgent ain nuczliche materj von mancherlay aüs gepranten wassern, wie man die nützen vnd praüchen sol, zu gesunthait, der menschen, vnd das puchl hat maister michel schrick doctor der eczney, dürch lieb vnd gepett willen erber personen aus den puchern zu sam coligirt vnd peschriben.

10. Bl. 43b. Das ist der ablas vnd die gnad jn der heyligen cristlichen kirchen zw Rom jn allen kirchen. *Anfang:* Sanctus Siluester vnd sanctus gregorius dy schreiben *u. s. w.*

11. Bl. 46. Hie heben sich an dy auslegung der träm dy her Josep gemacht hatt da er jn dem kercher lag gefangen von dem kayser Johts. *Anfang:* Ist das draümpt ain haimlicher draüm, so nymm ain puch *u. s. w.*

12. Bl. 47b. Item der deutsch ziscon gang nach aller leng ganz aüs. *Ein kalender in reimen.* [*Cisiojanus, s. K. Pickel, Konrad Dangkrotzheim, Strassburg 1878, s. 59 ff. und unten hs. 62, 161.*] *Anfang:* Peschniten ist das kindt, drey künig sagten erharcz gesint *u. s. w.*

13. Bl. 48 b. Item wildu machen ain wasser das goldt von dem silber schaidt oder wel *u. s. w. Darauf noch viele andere recepte, z. b. bl.* 51: Wildu machen ain crenczlein wann mans ainer junkfrauen auff setzt (*nemlich die* nicht maidtt is) daz sich pesaicht. *Bl. 54.* Wildu machen das du ain geschrifft schreibst es list sy niemant dan man habs vber ain feyr. *Bl. 54 b.* Wildu wissen was in ain haus gestolen wirt, das es wider müs werden *u. s. w. Bl. 69. Schluss der recepte:* Et sic est finis per Ulrich Mosten. *Ulrich Most mochte sich, wenn er selbst zu schreiben verhindert war, etwa von einem jüngern ablösen lassen. Die beiden handschriften wechseln in diesem codex mitten in den einzelnen stücken mit einander ab.*

14. Bl. 69 b. Ain liecht vom hiliprant oder von dietrich von Pern. *Es ist der Laurin.* [*Vgl. Berliner heldenbuch 1, xxxiii.*] *Anfang* [*ebenda 1, 201, 1*]:

> Es was ze pern gesessenn
> Ain degen so vermessen.
> *Schluss:* Vnd der clain laurein
> Müst ze pern ain gauckler sein
> Der edel jüng dietlaib
> Mit seiner schbester haim rait
> Er gab sy ainm edelman
> Dauon sy vil eren gban.
> Also hat das puch ain endt
> Got vns alle zehimel sendtt.
> Hie hat der Lairein ain endt
> Got vns alle ze himel sendtt.

15. Bl. 91 b. Ain ander püch heb sich an. *Erzählung von einem schmutzigen traum eines weibes.* [*Gedruckt erzählungen s. 460.*] *Anfang:*

> Es sas ain weib ob ainem schragenn
> Der was glüt vol getragen.
> *Schluss:* Vnd erczt sy an als geferr
> Got pehut den schreiber. Explicit.

16. Bl. 92b. Es folgt, ohne überschrift, ein s c h w a n k, ähnlich dem im liederbuche der Hätzlerin s. 219. Vgl. hs. 2, 73b. [Gedruckt erzählungen s. 80.] Anfang:

> Ich kam auff ain gevilt weit
> Da sag ich ain vbel weip.

Schluss: Also zbait sich jr leben
Sy wil dem Man nicht vergeben.

17. Darauf folgt von derselben hand, ohne allen absatz, ein gedicht, dessen anfang zu fehlen scheint. Anfang hier:

> Herr erenpott was er genant
> Abenteûr jm wardt erchantt.

Es ist diss die von den brüdern Grimm, deutsche sagen 2, 262 nach einer Wiener hs. [Hoffmann s. 100] erwähnte, von mir in dem Tübinger königsfestprogramme 1845 herausgegebene dichtung des von Wirtemberg pueh, aber sehr abweichend. [Vgl. Goedeke, grundriss 1², 303, no. 56.] Bl. 99 bricht dieses gedicht ab mit den worten:

> Ich han aber lüczel trost
> Vnd gedenck es helff nicht.

18. Bl. 99. Dann fährt es wieder unabgeschieden fort in dem gedichte von ainem zornigen weib, Hätzlerin s. 49, s. 61:

> Wer ain vbel weib hat (l. hab)
> Der thŵ sich ir pey zeiten ab.

Schluss: Der nem zu jm ain vbel weib
So gesicht er an dem spreidtt.

19. Bl. 99. Ain ander spruch. Vgl. hs. 2, 74b. Anfang:

> Ich kam auf ain pach
> Da ich hort vnd sach
> Ain henn mit aim visch kriegen.

Schluss: Du müstü alltag zu fluchten gan
Ergreift man dich man thut dich dar va.

20. Bl. 99b. Ain anders. Anfang:

Der sprach nu ist also
Ir valt nicht vmb ain stro.

Es ist diss nur der schluss einer andern erzählung, vielleicht
zu bl. 99a gehörig. Schluss bl. 100b:

Anff seiner hochen salden perck
Das haist daz jad von Wirtenberg

(nicht rad, wie Mone 1838, 493 steht).

21. Bl. 100b. Ain anders. *Von Uhland abgeschrieben.*
[*Gedruckt erzählungen s. 32. Vgl. Weller, repert. typogr. no.*
1390.] *Anfang:*

Mir traumbt ain nachs gar sicherleich
Wy mich hin auff gen himelreich.

Schluss: Das rat jch eüch mit treüen da
Von leibnicz frosch redt also.

22. Bl. 104. Ain ander spruch, *von* V e l c z p e r g e r. *So*
ist der dichter bl. 104b. 105b genannt. Vgl. über ihn Goedekes
deutsche dichtung im mittelalter s. 677. [*Gedruckt erzählungen*
s. 192.] *Anfang:*

Mir sagt ain weyser cristenn
Wy das wir ebangelistenn.

Schluss: Das jch aine jüngen nicht en gann
Das stett zeletzt jm passion.

23. Bl. 107. Ain anders, *im register betitelt:* ain spruch
von gluck vnd des menschen sinn. *Ein spruch Morgen-*
rots. Uhland hat davon abschrift genommen. Schon oben bl. 99b
nach dem bruchstück von der henne und dem fisch stehen durch-
strichen die 6 ersten zeilen dieses spruches. Anfang:

O Sach in allen Sachenn
Hilff mir armen schbachenn.

Schluss: Also sprach der m o r g e n r o t t
Thüt recht vnd sorget auf den thöt
So hilft vns got aus aller nöt.

24. Bl. 109. Ain anders. *Abschrift genommen von Uhland.*

[Gedruckt erzählungen s. 1. Vgl. Germania 14, 243.] Anfang:

> Eynes tages das Ergie
> Als man vns saget noch ie.

Schluss: Sy müssen dürch des leiden not
> Was jn der reich künig pöt.

25. Bl. 109 b. Ain anders. *Im register bl. 431 b betitelt:* Ain spruch von aim konig mit namen ezell. *Es gehört genau zum vorhergehenden stück. Von dem Wunderer. Vgl. fastnachtspiele s. 547. Abschrift genommen von Uhland.*

> Der künig was ezel genand
> Sein lob ist weitten erkant.

Schluss des offenbar unvollendeten gedichts bl. 114:

> Pos ich an dir gesechenn han
> Ich wil dirs warleich sagenn
> Et   finis
>   ×
> est   sic   .

26. Bl. 114. Item wy mein herren von Normberg ain schlahen gehabt haben mit dem marck graffen. jst jrem purck frid zw den pfingsten anno etc. 2° jar. Secundo, *d. h. 1502. Soden 156.*

> Hort zw der jamerlichen clag
> Das ist geschehen auff ainen tag.

Schluss: Dz sey geschenck ainer gmain vnd ratt
> Dy sie schücz dy heylig trinitatt. Amen.

27. Bl. 118. Ain ander sprüch. *Anfang:*

> Wer an ymb selber nit bebartt
> Vnzücht vnd grosse hoffartt.

Die geschichte von Jovinianus. Gesta roman. c. 59. Fastnachtspiele s. 1151. Von der Hagen, grundriss s. 365. Gesammtabenteuer 3, cxv. Schluss:

> Vnd war wider vnd pat gott ann
> Des helff vns gott des ist vns nott.
> Hie hat der kunig ain endtt.

5*

28. Bl. 125. Ain ander spruch. *Die geschichte v o m schwangern mönch von dem Z w i n g ä u e r, gedruckt in Lassbergs liedersaal 2, 393 und in H. v. d. Hagens gesammt-abenteuer 2, 53. [Auch hs. 2, 158 d.] Anfang:*

>Ich sagt euch gern etbas
>Daz euch lustet dester paß.

Schluss: Ich sollicher sleg von deiner hanttenn
ee das ich wert zü schantten.

Die hs. bricht also mit z. 321 (liedersaal 2, 393. Gesammtab. 2, 62) ab.

29. Bl. 130. Ain anders. *R e c e p t gegen das zahnweh.* *Schluss:* vnd vergett der weting. Probatum est.

30. Bl. 130. A i n p r a c t i c a.

>Ich wolt dir gut ding practicirn
>Magstu mir der grillen wyren.

31. Bl. 130. Item als nach dem vil gar (*d. h.* jâr) ver-gangen sind darin niemant mocht zw gelt komen *u. s. w.*

32. Bl. 134 b. Wan man aim menschen stuel machen will. *Recept.*

33. Bl. 134 b. Ain s p r u c h hubsch. [*Gedruckt erzählungen s. 649.] Anfang:*

>Es was ain mensch reich vnd geschlacht
>Ains gartens er jm erdacht.

Schluss: Da wart jm geringert sein schber
Also spricht der t e i c h s n e r etc.

34. Bl. 135 b. Ain ander s p r u c h. [*Gedruckt erzählungen s. 651.] Anfang:*

>Zw aim mal het ain herr ainn chnaben
>In sein herez also pegraben.

Schluss: Das mit vnrecht gebünden wär
Also sprich der t e i c h n a r.

35. Bl. 137. Ain ander s p r u c h. *Anfang:*

>Ain neue redt ist mir worden kundt
>Von manigem rosen farbinn mundt.

Schluss: Maria hilf vns vnd allen frauen aüs schbar
Also spricht der t e i c h s n e r etc.

36. Bl. 139. Ain ander s p r u c h. [*Gedruckt bei Wacker-nagel, kirchenlied 2, 970, no. 1207.*] *Anfang:*

Got jn seiner maienstat
Dy hat sein gnad mit vns verpracht.

Schluss: Vnd fur vns in das himel reich
Da wir dich lobel ebicleich.

37. Bl. 141. Ain ander R u f f f u r den schaür. *Uhland
hat davon abschrift genommen.* [*Gedruckt volkslieder 2, 813,
no. 308. Wackernagel, kirchenlied 2, 937, no. 1168.*] *Anfang:*

O susser got herr Jhsu crist
Seindt das du vnser sel an vnserm endt speisen pist

Schluss: Gancz vnser pet also volaist
So singen wil frolich amen.

38. Bl. 141b. Ain ander Ruf fur das jech endt.
Uhland hat davon abschrift genommen. [*Gedruckt bei Wacker-nagel, kirchenlied 2, 936, no. 1167. Vgl. Bartsch, beitr. z. quellen-kunde s. 382.*] *Anfang:*

Almachtiger got seind lucifer
Aüß himels tron müest weichen.

Schluss: Pehut vns vor der helle qüel
Las valln deinn zornn etc.

39. Bl. 142b. Ain ander s p r u c h. *Anfang:*

Ich sünder pin jn laid pehaft
Es hat auch meiner freiden krafft.

Schluss: Hertzenleicher leib zü pflegen
Das was ich junger degenn.

40. Bl. 148b. Ain ander s p r u c h. [*Gedruckt erzählungen
s. 161.*] *Anfang:*

Ains jars zu der osterlichen zeytt
Rait ich jn fremde land weytt.

Schluss: Zue rechter trew vnd stättikaitt
Den pehüett gott ebigklychen vor laid.

41. Bl. 153. Ain ander spruch. *Anfang:*

> O main jch frey mich deiner künst
> Mein müt mein sin mein vernünst.

Schluss: Do mussen sy sich da vor smiegen
Dy red haist der posen claffer triegen.

42. Bl. 164 b. Ain ander spruch. *Uhland hat davon abschrift genommen. Weitläufiges gespräch mit einer frau über die klaffer. Anfang:*

> Ains mals jn den herbstagen
> Thet mich mein sin vnd mein müt fragen.

Bl. 169 wird auf Wilhelm von Orlens besug genommen.

Schluss: Vnd peuilch dem der ob vns ist
Dy red hayß jch der valschen cluffer list etc.

43. Bl. 174. Ain ander sprüch. *Der dichter trifft zusammen mit frau Treue. Anfang:*

> Ich ging jn ainem mayen morgenn
> Durch kurczbeil aüs, ye doch jn sorgen.

Schluss: Wer der eren vnd gutes gan
Den las got ymer freiden han.

44. Bl. 183. Ain ander spruch. *Gedruckt in Lassbergs liedersaal 2, 419. Anfang:*

> Wann ain dinck geschehen sol
> Ich habs dick gehort woll

Schluss: Sehen jn grossen frewden erscheinen
Des wünschet dick das hertze meine.

45. Bl. 191 b. Ain ander spruch. *Anfang:*

> Ains tags jch lag
> In meinem pett vnd enpflag.

Schluss: Vnd ker dich zu der wendt
Also hett mein traüm ain endt.

Vgl. hs. 42, 220. Hützlerin s. 127 Haltaus. Cgm. 713. 4°. bl. 137 ff. Fastnachtsp. s. 1164. Altswert s. xxiv.

46. Bl. 198 b. Ain ander spruch. *Liedersaal 2, 157. Anfang:*

Ich vnd ain ich waren ain
Ein zbay, zbay ain, vnd an den zbein.
Schluss: Des wolt got jch het es doch
Vill nachent ein jar sy lebt doch noch.

47. *Bl. 202b.* Ain ander r e d v o n g e d ü n c k e n. *Anfang:*
Es was gen des maien krafft
So manig werde geselschafft.
Schluss: Das lasse jch woll ane streyt
Vnd las es ligen als es leytt.

48. *Bl. 205.* Ain ander s p r ü c h. *Anfang:*
Ich ging ains nachst von haüß spat
Vnd kam fur lybes kemnatt.

Steht unter der aufschrift Wie ain muoter ir Dochter lernet
puolen *auch im liederbuch der Hätzlerin s. 305. Ferner ist das
stück in hss. zu Dresden und Weimar. Vgl. meine fastnacht-
spiele s. 1331. 1443. [Im besitz von Kuppitsch in Wien, Mones
anz. 8, 211; in London, s. Büchtold, deutsche hss. aus dem brit.
museum s. 111, no. 13.]*
Schluss: Des sprüchs solt jr wol gedenchen
Hab wir zw trincken solest einschenchen.

49. *Bl. 210.* Ain ander s p r u c h. *Anfang:*
In ainem morgen das geschach
Das ain wolff reitten sach.

*Dasselbe gedicht, das ich in den fastnachtspielen s. 1107
habe abdrucken lassen. Vgl. Espe 1837, s. 28. [Fastnachtspiele,
nachlese s. 302. 303. Wagners archiv 1, 388.]*

Schluss: Ain wolff sucht manig liet
So er hüngrig ist .
Vnd er aüch gern vol ber
Dyß redt hat gedicht d e r s c h m i h e r.

50. *Bl. 214.* Ain ander s p r u c h. *[Gedruckt erzählungen
s. 306. Vgl. Goedeke, grundriss 1², 303, no. 60. Wagners
archiv 1, 410. 431.] Anfang:*

Wend ir horen manige sach
Wy aim studenten geschach.

Schluss: Keiner soll sich töncken also gescheid
Das er frawen list verid
Wan es wurd jm doch zu schber
Also hat geredt der schmiher.

51. *Bl. 216b.* Ain ander sprüch. *Anfang:*

Man leütet ainem alten weib
So dy wel schaidt von dem leib.

Schluss: Vnd ist den allten laid
Das die jüngen sind gemaid
Das red jch an gefer
Also redt der schüber.

52. *Bl. 220.* Ain ander spruch. *Vgl. bl. 191b. Cod. germ. mon.* [270, 45. 379, 16.] 713. 4. bl. 137. *Hätzlerin s. 127.* [*Altdeutsche wälder* 2, 136. *Fastnachtspiele 1164. 1444. Mones anzeiger* 2, 50. *Hs.* 103, 217, *anz. f. kunde der d. vorzeit 1859,* 406. *Bächtold, deutsche hss. aus dem brit. museum s.* 110, no. 8. *Barack, hss. zu Donaueschingen s.* 47, no. 3. *Bartsch, Heidelberger hss. s.* 70 *zu no.* 148, 233a; *beiträge zur quellenkunde s.* 177.] *Anfang:*

Sich fugt an ainem morgenn
Das jch gar vnuerporgenn.

Schluss: Vnd ker dich zw der wendt
Also nam mein traům ain endt.

53. *Bl. 224b.* Ain ander spruch. *Ein Marienleben.*
Anfang:

Got himel vnd erd peschaffen hatt
Er vand jn seiner mayenstat.

Schluss: Das wir nit kemen jn misse thatt
Sprecht all amenñ hin zů gott.

54. *Bl. 232b.* Ain ander spruch. *Passion. Anfang:*

An dem heyligen antlas tag
Da got pey seinen jüngern saß.

Schluss: Dar jn want er am drytten tag
Vnd ist erstanden am ostertag.

55. Bl. 234 b. Ain ander s p r u c h. *Gedruckt bei der Hätzlerin s. 165. Anfang:*

> Mich pat ain fraw minclich
> Das jch jr sagt peschaidenlich
> Wy es vmb varb wer gebandt.

Schluss: Also hab ich dy varb erckannt
Sy danck vnd pot mir dy handt.

56. Daran schliesst sich bl. 236, vom vorigen nur durch einen grossen anfangsbuchstaben getrennt, das gedicht v o n d e r g r ü n e n f a r b e, gedruckt beir Hätzlerin s. 166. Anfang:

> Ich kam in freyen mut
> Durch lüst als maniger tut.

Schluss: Sy sprach ach got müs dein pflegen
Vnd gab mir fraintlichen jren segen.

57. Bl. 239. Ain ander sprüch der siben farb. *[Steht auch hs. 2, 9 b mit abweichendem schluss.] Gedruckt Hätzlerin s. 168. Anfang:*

> Mich fragt ain fraw minclich
> Vnd sprach zw mir peschaid mich.

Schluss: Es wart mir vor nie pechant
Da hat mich pebeist dein nam.

58. Daran ist dann ohne alle unterbrechung, bl. 243, ange-schoben:

> Nü merck gut gesell wie
> Es ist vmb jn ergangen
> Er leit schwerlich gefangen
> Dort in frömmen landen.

Es ist ein stück aus der schon früher mitgeteilten erzählung bl. 149 b. [Vgl. erzählungen s. 162, anm. zu 12.]

Schluss: Vnd pfligt lieb in stetichait
Den webar got vor herczen laidt.

59. Bl. 245. Ain ander sprüch v on a l l e r l a y pluemen. *Gedruckt Hätzlerin s. 162. Anfang:*

> Ains tags jch spaziren gie

Ir mogt gern horen wie
Ieh jn frewden was peschafft.

Schluss: Vnd freidt mych stets jr gestalt
Die jch da main si hat gewolt.

60. Bl. 248. Ain spruch von zbayn schbestern,
wy aine dy andere straft (*nicht* schalt, *wie bei Mone*). *Gedruckt
im liederbuch der Hätzlerin s. 163 Haltaus. Anfang:*

Ain ritter alt vnd greiss
Wolt got diennen mit fleis.

Schluss: Vnd gab jn da den segen
Got wel vnser aller pflegen.

61. Bl. 251b. Ain ander spruch. *Hätzlerin s. 113. [Hs.
62, 82b. 97b. 119. Cgm. 270. 568. Sonst s. Mones anzeiger 7,
496. Goedeke, grundriss 1², 295, no. 25. Barack, Donaueschinger
hss. s. 48, no. 6. Bächtold, deutsche hss. aus dem brit. museum
s. 111, no. 12. Wagners archiv 1, 551. Bartsch, Heidelberger
hss. s. 128 zu 215, 5a.] Anfang:*

Was got zw freiden het erdacht
Das hat er volliclichen verpracht.

Schluss: Da mit man weiplich er verdruck
Got geb den fraŭen alles glück. Amen.

62. Bl. 256b. Ain abnteŭr von ainer erczney.
Prosa. Anfang: Item so nym von erst dy leber von ainm
artstain, vnd dy lŭngen von aim marbelstein. [*Gedr. Germ. 8, 64.*]

63. Bl. 257b. Dy ordnung da man den Juden
zu reg. (? Regensburg) hat predigt. [*Gedruckt fastnacht-
spiele, nachlese s. 305, vgl. s. 301.*]

Da man 1474 schreib wardt
Du hub sich an zu rog. mit den juden ain newe her fartt.

Schluss: Wo sy vns mogen petriegen das tŭnck sy wol gethan
Mit listen vber fŭegen spricht rosner der clain man.

Über diesen dichter s. fastnachtspiele s. 1077.

64. Bl. 258. Ain ander sprüch. *Anfang:*

Es sprach ain armer kauffmann

Ich wais weß sol ich mich pegan.

Schluss: Die gmant haben in dyser welt
Sy sieczen zu hel und zelen gelt.

65. Bl. 258b. A i n s m a l s d a w a r e n j n k r i e g a i n
g o l d v n d a i n z a g e l welches dy lieb der frauen erkriegen
boldt etc. [*Gedruckt erzählungen s. 437.*]

Ich wolt vnter ain linden sein gangen
Da waren zbay vor mir dar komen.

Schluss: Dar zu des roten golcz genüg
Des nem sy fur des kaysers gutt.

66. Bl. 262b. Recept. A i n p a d f u r d i e l e m d e r
f r a n z o s e n. *Anfang:* Item so nym essick, gepranten wein,
laügen *u. s. w.*

67. Bl. 262b. A i n h u b s c h e r s p r ü c h. *Meistergesang
in 17 vierzehnzeiligen strophen. Wider die verderbnis aller
stände, unlebendig. Anfang:*

Vns sagt das puch genesis
Wy got dy welt jn wages fliß.

Schluss: Er haist J o r g S c h i l c k n e c h t
Der dises tichten thett.

68. Bl. 267b. A i n e r c z n e y w i d e r d y p e s t i l e n c z.
Anfang: Item so nym iiij lat gestossen saffran.

69. Bl. 268b. A i n l i e c h t t. *Gedruckt bei Uhland, volks-
lieder 1, 195. 1008.*

Es warb ains edelmans kindt
Vmb ain edle herzogin.

70. Bl. 269b. Recepte. F u r d y b a s s e r s u c h t t. *Anfang:*
So nym vngenante gersten iij handt vol. — F u r d e n a u s-
p e y s s u n d e n w u r m. *Anfang:* So nym honig vnd ain ayr
thoter vnd venedigisch glaß. — *Bl. 270.* F u r d e n g r y ß.
Anfang: So nym gedert stain Raücz als vil als ains. — F ü r
d y p e s t i l e n c z. *Anfang:* So nym wirmut vnd des morgens
gessen. — F u r d y r o t t v n t e r d e n a ü g e n. *Anfang:* So
nym schbebel. — *Bl. 270b.* Z w f a u l e n p a i n. *Anfang:*

So nym prenten alaun. — Zw serigen augenn. *Anfang:*
So rauch dich ab gesoten.

71. *Bl. 270b.* Ain liechtt. *Anfang:*

> Was trew mag versehen mich
> Mein hoch erlesens ain zw dir.

Schluss: So magst mit bordt mich kauffen erst wol an das affen saill.

72. *Bl. 271. Hiernach beginnt, wie es scheint, ein anderes
lied. Anfang:*

> Des mayens lüft,
> Susser düft.

Schluss: Von vogel geschray
> Gar mancherlay
> So hor wir verzbirerirer
> Verzbinzeliren
> Kum raeczlein,
> Was wil mein,
> Es mus sein,
> Nü las ergeczen
> Vns nider seczen,
> Laüsen maüsen,
> Las her sausen,
> Es gilt,
> Das wider hilt,
> Nu jn dem than,
> Küm, meczlein vnd lach mich ann.

73. *Bl. 271b.* Ain ander liechtt. *Anfang:*

> In lieb vnd ganczen treüen
> Het jch mir außer welt.

74. *Bl. 272b.* Ain ander liechtt. *Anfang:*

> Ein glucklich zeit
> Hat mich erfreudt.

75. *Bl. 273.* Wy man wein rott machen soll.
Anfang: Wy man weyssen wein. — *Bl. 273b.* Wan ain
wein lauter wil machen. So hastu gar ain schons stuck.

76. *Bl. 274.* Ain spruch van ainem palbirer.
Steht auch hs. 62, 72 [und hs. 103, 18, anz. f. kunde d. deutsch.

vorz. 1859, 328. Cgm. 713, 146. Gedruckt erzählungen s. 426. Vgl. fastnachtspiele, nachlese s. 303. Büchtold, deutsche hss. aus dem brit. museum s. 113, no. 21. Wagners archiv 1, 552.]
Anfang:

> Ich kam jn aina parbirers hauß
> Da sach ich oben zu dem venster beraüß.

Schluss: Vnd pin sider nie chumen hin wider
Also leg ich mein erczneyen der nider. etc.

77. *Bl. 276b.* Munch von Salczpurg korbeyß. Ain hubscher spruch. *Es ist das* Salve regina *glossiert.* [*Vgl. altdeutsche blätter 2, 330. Hoffmann, gesch. des kirchenliedes 245. Wackernagel, kirchenlied 1, 365. 2, 409. Germania 23, 30. Goedeke, grundriss 1², 237.*] *Anfang:*

> Salue got grüs dich junckfraw rain
> Ain neus geticht jm herczen mein.

78. *Bl. 279.* Wen ainer jn das wilpadt zeuch sol man sich also halten. *Anfang:* Item so nembt j ū alaun.

79. *Bl. 279b.* So ain furst munczen will. *Anweisung zum geldmünzen.*

80. *Bl. 281. Lehrgedicht. Vgl. bl. 332b. Anfang:*

> Mensch wildu beysset lernen
> So merck auf mein ler eben.
> Es ist ye in der welt sitt
> Thw recht vnd furcht dir nit.

Schluss: Vnd sey vns dy vergeben
Das wirt dorck (*Mone* dort) ebiclich mit jm leben.

81. *Bl. 283.* Ain segen probirtt. *Anfang:* In dem land ybernia was ain küng, der hett ainen sün, der hyß colümbanus. *Uhland hat davon abschrift genommen. Darauf folgen noch andere segensformeln.*

82. *Bl. 287.* Ain aderlaß tauel. *Anfang:* Nach dem als etlich jar vergangen sind daryone nymant mocht zu gelt komen. *Derbkomische anweisung über die aderlasstage in jedem monat.*

83. Bl. 290. A i n s p r u c h v o n k a i s e r K a r l, *d. h. herzog Karl dem kühnen. Panzer, supplement s. 19. Anfang:*

> Nach tausent vir hundert jaren
> Vnd 64 auch hin waren
> Zoch herzog Karl mechtichlich
> Auf von pargund gen Franckreich.

Schluss: Das er vmb kam got hab dy sell
Vnd pehūt sy dort von der helle quel.

84. Bl. 295b. A i n l y c h t v o n a i m f r e y l e i n. *2 strophen. Anfang.*

> Mein hercz hat jm sẅ erbelt
> Zw dienen ainem freylen clar.

85. Bl. 296. A i n s p r u c h v o n d e r l i e b. *Anfang:*

> Woll hin seid du verpessert hast
> Vnd jch gluck warten soll.

65 gezählte reimpaare, liederanfänge.

86. Bl. 299. V o n d e r m ū n c z. *Viele notizen über den gehalt einzelner münzen.*

87. Bl. 301b. W i l d u s a l c z v o n v n g e l e u t e r e n s a l-
p e t e r s c h a i d e n n. Item so nym dein salpeter vnd leg jn *u. s. w.* —
W y m a n w a i c h e n s a l p e t e r l e u t e r n s o l l *u. s. w. Folgen noch mehrere ähnliche recepte über die bereitung des salpeters, des gemeinen pulvers, zündpulvers, springpulvers, die härtung des stahls u. dgl.*

88. Bl. 306. A i n s p r u c h v o n p f e n n i n g e n. *Anfang:*

> Nu schbeig so wil jchs heben an
> Was der pfening wunders kan.

Steht auch in andern handschriften. Vgl. [hs. 60, 71b]. Fastnachtspiele s. 1336. 1437. [Hoffmann, Wiener hss. s. 185, no. 17.] Gedruckt bei Myller b. 2. Fastnachtspiele s. 1183. Schluss:

> Wer mich mit eren pehalten kan
> Auß dem wil jch machen ain frūmen man.

89. Bl. 307b. I n d e m n a m e n g o t t e s. Gott dem almachtigen ist vntertänig alle creatur *u. s. w. Bl. 308 kommt das jahr 1484 vor.*

90. Bl. 309b. A i n l i c h t v o n J h u. *Anfang:*

> Ain pluem stebt auf der baiden
> Es mag wol Jhesus sein.

Vgl. Mones anzeiger 8, 333. Ph. Wackernagels kirchenlied no. 629 f. Gedruckt in Uhlands volksliedern 1, 865.

91. Bl. 310 b. Z w a i n e r a b e n t v e s p e r. *Zeilen nicht abgesetzt, lateinisch und deutsch gemischt. Abenteuer des bruders Eberhard in einem fremden kloster. Lied. Vgl. Mones anzeiger 1839, 211. Gedruckt in Fichards archiv 3, 203. [Erzählungen s. 390.] Anfang:*

> Deus in adiutorium jntende
> Es sprach ain stolzes mündelein das waß pehende.

Schluss: Wer schauet cuncta pericula,
> Selten kumpt er ad cellulas
> Oculte.

92. Bl. 311b. Folgen r e c e p t e, zum schweissbad, zur purgatzen, zum lassen.

93. Bl. 312. A i n l i e c h t v o n d e r l i e b. *Anfang:*

> Kain lieb so groß sy nymbt ain end,
> Der abschidt thut dem herczen we.

94. Bl. 312b. R e c e p t e für die brust, gegen den husten.

95. Bl. 312b. A i n l e r d e m m e n s c h e n. *[Steht auch hs. 62, 81b. Vgl. Weller, annalen 2, 456, no. 877.] Anfang:*

> Hor mensch jch wil dir ler geben
> Wy du solt furen hie dein leben.

Schluss: Wan Er ist ain geber aller ding
> Hilf das vns hie vnd dort geling.

96. Bl. 314. A n d o r n c h r a u t. *Anfang:* Item andorn das man in latein nent marubeum jst diser natur.

97. Bl. 315. F e c h b e r g. *Anfang:* Item wan einer fechberg kauffen wil zw normberg.

98. Bl. 315. F u r d e n p r e c h e n d e r p e s t i l e n c z. *Recepte.*

99. Bl. 315b. Von der tugent vnd kraft des karten-bassers. *Anfang:* Item karten kraut oder pueben strell ist ain kraut.

100. Bl. 316. Ain guter bryeff. Mein fraintlich grûs zbischen pfingsten vnnd (*bl. 316b*) esling 3 wochen von stuck-garten jn dem nagsten dorf vor sand michels tag. *Höhnischer absagebrief an eine treulose geliebte.* [*Vgl. hs. 60, 82.*]

101. Bl. 316b. Recepte, für den harmstain, für den roten gryss *u. s. w.*

102. Bl. 318. Ain frauen lob, ain spruch. Frauenlob plaber dan.

Über den blauen ton s. Ettmüllers Frauenlob s. xii. Anfang:

> Ich wil dir Raten junger man
> Vnd wil du dich peschaiden lan
> Vnd wildu greyffen zu der ee.

Schluss: Darumb der heylig geist sich hatt
> Gar schon mit jn verainet.

103. Bl. 320. Ain spruch so man vor vilshofen gelegen ist 1504. [*Gedruckt bei Liliencron, die historischen volkslieder 2, 561, no. 248.*] *Anfang:*

> Nach der gepurt vnsers herren ibu xpi das ist war
> Tausent 5 hûndert vnd jm virden jar.

104. Bl. 323. Hofmar von (*Mone* vom) punt, ain sprûch. *Uhland hat davon abschrift genommen.* [*Gedruckt bei Liliencron 2, 267, no. 173.*] *Anfang:*

> Der grossmachtigst kayser Friderich
> Geporn von osterreich.

105. Bl. 325b. Ain spruch von aim mûnch. [*Gedruckt erzählungen s. 242. Vgl. fastnachtspiele, nachlese s. 308. Goedeke, grundriss 1², 303, no. 55. Wagners archiv 1, 422. 426.*] *Anfang:*

> Wer will sich vast bebûnden doch
> O weib pey vnserη zeitten noch.

Schluss (unrichtig angegeben bei Mone, anz. 1838, 497):

Darumb nit gar zu vngeűer
So hat geticht ha n e s c h n e p e r g e r.

106. *Bl. 322b.* A i n spruch von weyshait. *Nicht auf-*
geführt in Mones anzeiger 1838, 497. Steht schon bl. 281. Anfang:

Es ist ye jn der welt sit
Thue recht vnd furcht dir nit.

Schluss: Vnd sey vns die vergeben
Das wir dort ebiclich mit jn leben.

107. *Bl. 334b.* A i n s p r u c h von dem romischen
kúnig vnd dem heyling reich.

O romisch reich du heylige kron
Was wil zu leczt naher gan.

Bl. 337 findet sich eine schöne stelle über das hinscheiden
des herzogs Eberhard von Wirtemberg.

Der des reichs sturmfan jm sin schilt
Mit grossen eren hat gefurt
Durch des vernunft pillich regurt
Wern alle land vnd kűnigreich
Got geb dem fürsten tugentreich
Pey jm freudt jn des himels tron
Worlich ist er der teutschen kron
Vnd spigl aller tugent gesein
Got geb jm dy ebig rűe er ist dahin
Ich wuis wol edler künig her
Das dir nit wol möcht laides mer
Geschehen sein an deinen mann
Er hat dich lieb alzeit gehan
Vnd ist dein aug vnd hercz geschin
Dein genad hat solchs gemacht wol schin
Vor bin mit eren ycz mit clag.

Schluss: Vnd vns fridt sälig zeit auf erdt
Da nit ain troysch saw dar auß werdt.

108. *Bl. 337b.* A i n s p r u c h. *Anfang:*

Fridt auß mein zartt
Wie hoch dein artt.

Schluss: Elendiclich
Rich her got rich.

109. Bl. 338b. A i n s p r u c h von ainem ch r a n cz. *Das gedicht ist offenbar vorn und hinten mangelhaft. Abschrift hat Uhland genommen. [Gedruckt erzählungen s. 643. Vgl. Goedeke 1², 310, 7.] Anfang:*

> Auf yedem crancz sach man lauffen
> Ain federn von ainem strauseen.

Schluss: Sy bieten ainen spahen fündt
> Mit hubschen listen funden.

110. Bl. 340. A i n s p r u c h von ainem g r a fen. *Der graf im pfluge. Es sind 11 dreizehnzeilige strophen. Eine abschrift hat Uhland genommen. [Gedruckt erzählungen s. 168.] Anfang:*

> Nach singen tichten stet mein müt
> Nü merckt jr werden maister güt.

Schluss: Sy sach gar elend in dem veld
> Den werden grafen daher gan.

111. Bl. 343. A i n h u b s c h e r s p r u c h vom h e y l i n g g e y s t etc. *Aufforderung zum Türkenkrieg. Anfang:*

> Heyliger geist du hochste sach
> Las fliessen deiner genaden pach.

Bl. 350b:

> Du sicst wol in furstnlichem zedel
> Von h'bingen ain graf also ēdel.

Bl. 354:

> Nu komet dar zu jn kurczer eyll
> Hognaw eslingen vnd auch ratbeil
> Ir solt den turcken helfen zbingen.

Schluss: Des wünschet eüch menig herczen gir
> Vnd meniger frümer crist mit mir.

112. Bl. 355b. A i n s p r u c h w y h e r c z o g A l b r e t h R e g e n s b u r g e i n g e n o m e n h a t t etc. *[Gedruckt bei Lilien-cron 2, 185, n. 163.] Anfang:*

> Ir solt horen was jch euch sag
> Es ist nit haimlich ligt an dem tag.

Schluss: Domit wil jch meinen sprüch wenden

Got wel ÿnnser sel gein himel sennden;
Omnia tempus habet.
Alles dings ain weyll.

113. Bl. 374b. D y s i b e n f r e u d t v n s e r f r a u e n. Der
sal wir aller genaden trauen. Ain spruch. *Suchenwirt s. 123.*
Anfang:

> Gotlicher weyshait fündament
> Dein grüntlas tief wirt nit volendt.

Schluss: Als jre genadenn wol an statt
> Damit dy rede ain ende hatt.
> Hie habent ain endt dy syben freudt vnser frauen
> Got mûg vns an vnsern leczten zeitten an schauen
> Des helff vns gott etc.

114. Bl. 401b. Prosaische stücke betreffend die k ö n i g s-
w a h l i n F r a n k f u r t. Anfang: Vermerck nach dem vnd wir
aûch vor verhandlûng dyß kaiserlichen tags Hie zu franckfurt
schreiben lassen.

Bl. 405b. Vermerck wie der romisch kûng zu ach ein ge-
riten vnd gekront worden ist vnd kuniglichen hoff gehalten hatt.

Bl. 410. Von der anwesenheit des kaisers in Anspach 1510
in der fasten.

115. Bl. 412. Ain loblicher s p r u c h w i e d e r k ö n i g
v o n a r r o g a n i a y c z n e ü l i c h d i e h a i d e n p e s t r i t e n v n d
v b e r w u n t e n h a t t etc. vnd ist geschehen am abent trium
regum 1510 jar. [*Gedruckt in Mones anz. 8, 549 und bei*
Liliencron 3, 36, no. 260.] *Anfang:*

> Wer horen wel dy redlich thatt
> So ferdinant pegangen hatt.

Schluss: Das gott jn seinem himel reich
> Wurdt wol gefallen ebiclich.

Getruckt zu augspûrg im zehenden jar 1510 etc.

116. Bl. 414. V o n d e n S i t i g e n a i n redt. *Anfang:*

> Ain schon weib mit guten sitten
> Die sol nymant lasters pitten.

6 *

Schluss: Gott diene ane wanck
        Iat aller weyßhait ain anfanck.

Freidank s. 1 Grimm.

117. *Bl. 415.* Das nackat pild ain sprüch. [*Gedruckt
bei Keller, Elblin von Eselsberg, s. 32; vgl. Bartsch, Heidel-
berger hss. s. 72 zu 148, 439b.*] *Anfang:*

        Ains morgna frue her gein tag
        Daa jch achlaffen mich pelag.

Bl. 424b. Schluss:
        Ich treib nur weise werck
        Also aprach Lipel alber von elaasperck.

*Bl. 425. Rechnung über lebensmittel von 1501 bis 1510,
von der hand Mosts, der vielleicht verwalter einer geistlichen
corporation zu Regensburg war.*

Bl. 426. Register über das buch.

*Bl. 434. Pergamenturkunde des abts Alto von St. Heyme-
rani (? Emmeram) in Regensburg 1359.*

*Bl. 435. Ein von mir angeklebtes papierblättchen: Brief von
Friedrich an Hainrich Herttenberg oberrichter zu Landshut. Auf
der rückseite verse:*

        Mein traut gesell vnd liebster hort
        Waa ich dir wunach in deine wortt *u. s. f.*

43—45.

[*Die drei Heidelberger handschriften (no. 313. 355. 358)
des meister Altswert. Die beschreibungen gedruckt bei Holland
und Keller s. vii—xxiv. Vgl. Bartsch, Heidelberger hss.
s. 69 ff. 103 f. 106 f.*].

46—53.

[*Handschriften der fastnachtspiele. Die beschrei-
bungen siehe bei Keller s. 1326—1433, und zwar:*

46 = D, *Dresdner hs., s. 1326 ff.*

47 = G, *erste Wolfenbüttler hs., s. 1344 ff.*

48 = K, *zweite Wolfenbüttler hs., s. 1357 ff.*

49 = L, *erste Luzerner hs., s. 1372 f.*

50 = M, *erste Münchner hs., cgm. 714, s. 1373 ff. Vgl. nachlese s. 334. No. 19, bl. 127—137* Der ritter in der cappelln *nach hs. 56 gedruckt in den erzählungen s. 70, no. 33, bl. 214—222* Die falsch peicht *ebenda s. 232.*

51 = N, *zweite Münchner hs., cgm. 439, s. 1382 ff.*

52 = O, *zweite Luzerner hs., s. 1430.*

53 = P, *Hamburger hs., s. 1430 ff.*].

54.

Augsburg. K. kreiss- und stadtbibliothck. **Mss. Augustana** n. 249. *XV jh. Einband neu, steif brosch. Höhe 0, 21. Breite 0, 15. Inhalt: Vorbl. 1. holzschnitt, das allianzwappen Christophs von Bollstatt und der Anna von Rottenstein.*

1. *Bl. 1.* Niclas von Wile, stadtschreibers *zu Esslingen, übersetzung der von Acneas Silvius in latein beschriebenen buolschaft, so sich zwischen herrn Casparen Schlicken und einer edlen burgerin zu Senis begeben. Die geschichte von Euryalus und Lucretia.* [*Vgl. Goedeke, grundriss 1², 361 f. Keller, Niclas von Wyle s. 368.*] *Prosa. Bl. 60b steht das datum* Wien v. Non. Julii anno domini 1444.

2. Ain teutscher rattschlag. *Anfang:* Die vrtail am kammergericht aufigangen.

3. *Bl. 64.* Bayerisches landrechtbuch, *von 1428. 54 blätter.*

4. Die künklich reformacion *von Friedrich. 1442. 6 blätter.*

5. Kaiser Friedrichs reformation des landgerichts. *1471. 5 blätter.*

6. Formularien. 7 blätter.

55—58.

[*Handschriften der fastnachtspiele.* S. *die beschreibungen bei Keller* s. *1326 ff.*

55 = R, *dritte Wolfenbüttler hs.*, s. *1433.*

56 = W, *erste Weimarer hs.*, s. *1440 ff.* No. *29,* bl. *131 b*
Ein hofflich spruch von einem ritter *gedruckt in den erzählungen* s. *70.*

57 = X, *zweite Weimarer hs.*, s. *1443 ff. In den erzählungen sind daraus gedruckt no.* 5, bl. *14 die wiedervergeltung,* s. *387;* no. *24,* bl. *61 der windbeutel,* s. *490;* no. *26,* bl. *76 b* Plinten lit jm muscat plut, s. *393;* no. *32,* bl. *80 des vaters testament an seine drei söhne,* s. *662;* no. *43,* bl. *169 b* Lied Ich reit eins auß spaciren, s. *485; in den fastnachtsp. nachlese 310 no.* 11, bl. *36.*

58 = Y, *dritte Weimarer hs.*, s. *1453 ff. Daraus gedruckt in den erzählungen no.* 2, bl. *20* Vonn Einem Pfarer, s. *111;* no. *48,* bl. *22 b* Vonn der wolffs gruben, s. *365;* no. *82,* bl. *33;* no. *88,* bl. *34;* no. *90. 92,* bl. *34 b;* no. *94 f.,* bl. *35;* no. *105,* bl. *36;* no. *108,* bl. *36 b;* no. *125,* bl. *42 b* s. *482—484;* no. *115,* bl. *38* Vonn dem zwatzler s. *407.*]

59.

Tübingen. Universitätsbibliothek. Md. *364.* XIX. *jh. Papier.* 4⁰. *355 von mir gezählte blätter. Abschriften von Konrad Hofmann nach Münchner handschriften* [cgm. *439 und 714 = oben hs.* 51 *und* 50] *auf meine veranlassung für die Tübinger bibliothek gefertigt.*

[*Daraus gedruckt in den erzählungen* s. *298 die geschichte* Von einem plinten = cgm. *713, 57; benutzt ist die hs. bei* s. *426* Aiu spruch van ainem palbirer.]

60.

Ulm. Im privatbesitz des herrn D. Dietrich Hassler, professors am gymnasium und ephorus des pensionats. XV jh. Angefangen 1459. Papier. Holzband. Vordere decke fast ganz weggebrochen. Höhe 0, 201 m. Breite 0, 14 m. Vorn, an verschiedenen stellen in der mitte und hinten sind blätter ausgerissen. Vorhanden sind noch 130 neu gezählte, nicht bloss 125, wie Weckherlin s. 68 sagt. Überdiss kommt die zahl 75 zweimal. Die hs. gehörte 1807 dem prof. M. Georg Veesenmayer und ist beschrieben in F. Weckherlins beyträgen zur geschichte altteutscher sprache und dichtkunst. Stuttgart, Metzler, 1811. S. 68 ff. [Abschrift v. d. Hagens in Berlin, ms. Germ. 4°. 776, vgl. Steinmeyer, altd. stud. s. 66. Gesammtabenteuer 3, 795, no. 109.]

1. Bl. 1. Der riese Sigenot. Litteratur s. Weckherlin u. a. o. s. 69. Anfang fehlt. Anfang:

> Nu ist mir dick vnd vil geseit
> Sprach sich der degen vnuerzeyt.

Diss entspricht der str. 28 in Hagens heldenbuch b. 2, heldenbuch Kaspars von der Rön s. 120 b.

Schluss: Was yenant jn dem land beschach
> Wie sye mßosten hauwen
> Von der aller grosten nott
> Seytt hyltbrant der alte
> Dyß lyett eyn ende hatt
> Amen AMEN.

2. Bl. 52 b. Anfang des m e i s t e r g e s a n g s v o m a l t e n H i l d e b r a n t. Weckherlin s. 70. Uhlands volkslieder 1, 330. 1013. Zeilen nicht abgesetzt. Anfang:

> Ich wolt zu lannd jn Rytten
> Sprach Meister hiltebrant.

Bl. 53 bricht die abschrift mit den worten der 6ten uhlandischen strophe ab:

> Ob eyner heysenn glütte
> Der alt hüb an vnd sprach.

Darauf der name Wolffgang. *Veesenmayer bemerkt auf der vordern decke: Was s. 52 b und 53 steht, hat v. der Hagen ab- drucken lassen, dem ich diese hs. mitteilte, ohne mich von dem abdruck in kenntnis zu setzen, den ich erst aus der erschgru- berischen encyklopädie u. d. art. heldenbuch erfuhr.* Sic˙ vos, non vobis.

3. *Bl. 54. Fragment von den himmlischen zeichen. Prosa. Anfang:* Nu wil ich ettwas schriben von natur vnde angesicht der zwolff zeychen. *Bl. 57 bricht das stück ab mit den worten:* vnd sweren der gelider wann der monde je. *Da- rauf sind mehrere blätter ausgerissen.*

4. *Bl. 58. Schluss eines didaktischen gedichtes. Anfang:*

> Dasselb mag der tod moht
> O totlich mensch den tot betracht
> haustu nu glucklich lust acht.

Schluss: Kein stym gesanck kein symphony
Gotte hort ist nit lieb da by etc.
                                   Amen.

5. *Bl. 59.* Dy hoffzucht. *Der anfang gedruckt in Weckherlins beyträgen s. 70. [Das ganze erzählungen s. 531. Vgl. hs. 2, 43 b.] Anfang:*

> Zu hofe seit man mer
> Hie vor ein esel wer

Schluss: Also sy vns ye getaten
Daz wolt ich vns allen raten   Amen.
Dys buch heisset dy hoffzucht
Vnd pringet manig gut frucht etc.

6. *Bl. 68 b.* Gedicht. *Anfang:*

> Eins morgens ich an mynem bet lag
> Vnd es dez morgens gancz wart tag
> Worden von dem morgen rot.

Schluss: Also ist mir gescheen
Das wil ich by mynem aid jehen etc.

7. *Bl. 71 b.* Dis ist der Pfening. *Weckherlins bey-*

träge s. 74. Meine fastnachtspiele s. 1183. 1336. 1437. Hs.
42, 306. [*Germania 33, 160.*] *Anfang:*

> Ein red wil ich heben an
> Waz der pfennig wonders kan.

Schluss: Dy kouffent hy daz himelrich
Das hant sy dort ewiclich etc.
Amen.

Bl. 74 leer.

8. *Bl. 75. Das lied vom verliebten pfaffen.*
Hs. 2, 39c. [*Cgm. 270, 60. 379, 22.*] *Gedruckt hg. von Mega-*
lissus. Jena, 1730. 8°. 1¹/₂ bogen. Weckherlin s. 74. [*Gedruckt*
liedersaal 3, 217 und erzählungen s. 350 mit den abweichungen
von hs. 2, 39c. Vgl. Goedeke, grundriss 1², 300, no. 11. Bartsch,
beiträge zur quellenkunde s. 178.] *Anfang:*

> Ich mercke an der welte pflicht
> Das kurtze wil ist anders nicht.

Schluss: By gantzen truwen das rat jch
Got geb vns allen das himelrich
Amen.

9. *Bl. 82. Höhnischer liebesbrief an eine*
frau. Anfang: Min vndertenigen willigen dienst ju einer
kalten wurt besigelt mit einem hafnestel vnd das sach ein
blinder essel ston zwuschen pfingsten und Esslingen. [*Vgl.*
hs. 42, 316.]

Bl. 82b bricht das stück ab mit: Darzů was mir die tint
herfronn vmb sanct Jacobs tag Auch liebe frauw als jr mich
gebetten hand jch sol uch nuwe mer herfarn laß jch uch wissen
das dem alten kunig.

Bl. 83. Federzeichnung.

10. *Bl. 84. Lied. Anfang:*

> Min hertz das fert dahin jn großem leyd.

Gedruckt bei Weckherlin s. 76. [*Gegenstück zu Hätzlerin*
s. 45: Mein hertz das fertt dahin in hochen fräden.]

11. *Bl. 84b.* **L i e d.** [*Gedruckt erzählungen s. 396.*]
Anfang:

> Eyn frowlin zart gebot mir zü stechen
> Vmb ere vnd och vmb briß.

7 strophen. Darauf die worte: Nit stich mich.
12. *Bl. 85.* **L i e d.** *Anfang:*

> Wie mocht jch von ir freud gehan.

Gedruckt bei Weckherlin s. 78. Am schluss steht: Ach du lieber loffel.

13. *Bl. 86.* **L i e d.** *Anfang:*

> Her wider zyt der genaden
> Hilf mir zü freuden schier.

Liebeslied. Am schluss: Du alter domyne.
14. *Bl. 87.* **L i e d.** *Anfang:*

> Min hertz das ist betrubett ser.

Gedruckt bei Weckherlin s. 79. [*Wackernagel, lesebuch 1⁶, 1347.*]

15. *Bl. 87b.* **L i e d.** *Anfang:*

> Vor eynes burgers tore.

Gedruckt bei Weckherlin s. 80.
16. *Bl. 88.* **Lied.** *Anfang:*

> In wollust myns hertzen.

Gedruckt Weckherlin s. 82. [*Vgl. Mones anzeiger 8, 366, no. 80.*] *Doch fehlt bei ihm die 3te strophe, welche so lautet:*

> Ir deglich kleytt das ist gemeyn
> Das sol mich doch nit erschrecken
> Ir kintlich gruß, jr schülin kleyn
> Dünt jr füß bedecken
> Ir gürttlin smal, jr gell fin har
> Das het jch schier vergessen
> Ir ermlin die sint offenbar
> Ir beynlin cleyn das sag jch zwar
> He ha ho es ist alles recht gewesen.

17. *Bl. 88b.* **D a g l i e t t.** *Anfang:*

> Woluff woluff myn trütt gesell.

Gedruckt bei Weckherlin s. 83. Hinter allen diesen liedern kurze sprüchlein. Hier:

> Alle tag jn lyden
> Wil myn hercz zerschniden.

18. Bl. 89b. Lied. Anfang:

> On schaden wirt der man selten wiß
> Das bin ich worden inen.

19. Bl. 91. Lied vom edeln Möringer. Vgl. Weckherlins beytr. s. 74. Uhlands volkslieder 1, 773. 1032. Anfang:

> Wend jr horen nuwe mer.

Bl. 96b steht: Diß bůch ist an gefangen worden vmb sant Johans tag der ewangelist als man zalt von crist geburt m cccc° lix per me Thomam Palm. *Weckherlin gibt s. 75 die jahreszahl 1359 statt 1459. [F. Vogt, Paul-Braunes beitr. 12, 435.]*

20. Bl. 97. Von der frauwen jm garten. Anfang:

> An eym tag jch beissen reit
> Mit aim habich in einen walt.

Gedruckt mit dem titel Von ainem wurtzgarten *(Anf.:* Ains tages ich paissen raitt*) Hützlerin s. 243b. [Vgl. Bartsch, Heidelberger hss. s. 72 zu 148, 460a.]*

> *Schluss:* Die jr ye gefugten leit
> Daz wer wol vff mynen eit.

21. Bl. 104b. Der frouwen truwe. [Gedruckt erzählungen s. 634. Vgl. Barack, Donaueschinger hss. s. 59, no. 3.] Anfang:

> Ein weck mich eins morges trůg
> An ein wasser gar vngefuge.

Vgl. Colocz. cod. s. xiij.

> *Schluss:* Diß spruch heiß frauwen truwe
> In aller der welt sunder wang
> Hat frauwentruwe den forgang
> Welichem manne sie das leit
> Der schaff das sin stettikeyt

Vnd sin truwe gein dem wib gang für
Das man kein vntruwe an jme spur.

22. *Bl. 111b.* V o n d e m m e y g e n. [*Gedruckt erzählungen
s. 615.* Vgl. *Mones anzeiger 1, 261. 2, 50.*] *Anfang:*

Mit fliß han jch betrachtet gar
Vnd sunderlich genommen war.

Schluss: Daz jch mit dencken waz vmbfangen
Vnd zů dem brunnen kam gegangen.
Amen.

23. *Bl. 114.* D i e B y c h t e. *Anfang:*

Eins tages fügct sich das
Daz ich uß gegangen was.

Vgl. [*Wiener hs. 2959, 46a, Hoffmann s. 103.*] *Cgm.
714 ⁴, 64. Hätzlerin s. 115 mit der aufschrift:* Das pülschafft
nit sünd sey, ain hübsche peicht. [*Weiteres s. bei Goedeke, grund-
riss 1², 296, no. 26. Bartsch, Heidelberger hss. s. 72 zu 148, 466a.*]
Bl. 121b bricht das gedicht mit den worten (*Hätzlerin
s. 117b, z. 154*) *ab:*

Als die E vnd bulschafft
Die gott selber hat gemacht.

24. *Bl. 122.* E r z ä h l u n g. [*Gedruckt erzählungen s. 596.
Vgl. hs. 43, 392 = Altswerts. xv. Goedeke 1², 273, no. 20.*] *Anfang:*

Es qwam eynes dages zů eyner zytt
Als der winter eyn ende gytt.

Schluss: Dar vff saß ich vnd reytt da beyn
Da jch jeczunt byn zu disser zytt.

25. *Bl. 127b.* G e d i c h t g e g e n d i e k l a f f e r. [*Bartsch,
beitr. z. quellenkunde, s. 364.*] *Anfang:*

Ach gott wold mich nyemant melden
Ich wolt also Recht gern schelten.

Schluss: Vff liegen trygen stett jr syn
Der tuffel für sye mynt ein ander hyn amen.

26. *Bl. 129.* E r z ä h l u n g. [*Gedruckt erzählungen s. 646.*]
Anfang:

Sych fugett zu eyner zytt also
Das ich eynes morgens fru.

Bl. 130b bricht das buch ab mit den worten:

Das jch gelebet zwar nye lieber zyt.

61.

Würzburg. Universitätsbibliothek. Mch. f. 38. *X V jh.*
Papier. Holzband mit rothem leder überzogen. Höhe 0,28.
Breite 0,2. Nach neuerer zählung 303 blätter. [*Beschrieben in*
Mones anzeiger 7, 236 und Haupts zeitschrift 3, 439.] *Inhalt:*
1. Bl. 1 ist ein pergamentblatt, das an die decke angeklebt
war. Eine jetzt verstümmelte urkunde von Frankfurt, St. Barbara
1378. Anf.: Ich Gotfrid zum Romer vnd ich Heime Gotfrid
Jekiln vnd Elsechen geschwist.
2. Bl. 2. Anfang eines registers: Anno domini m⁰ ccc⁰
xxij⁰ *u. s. w.*
Bl. 3 leer.
3. Bl. 6. John Mandevilles reise durch Asien, Africa
und Europa, deutsch von Otto von Diemeringen. [*Goedeke*
1², 377. Zarncke, priester Johannes, zweite abhandlung s. 132.
147 ff. M. Lorenzen, Mandevilles rejse i gammeldansk over-
sættelse, Köbenhavn 1882, s. xxxiii.] *Anfang des registers:*
De libris fratris Georii Summer ordinis predicatorum. Ich Otho
von Diemeringen eyn Tumherr zu Mecze jn lotringen han dis
büch virwandelt vs welische vnde latyne in düczsche. — *Bl. 73*
ist die rede von den thaten Ogiers und wie sie in teppiche ge-
wirkt seien; bl. 99 von priester Johanns land. Bl. 125 schluss.
4. Bl. 125b. Erzählung von der todten frau. [*Gedruckt*
erzählungen s. 372.] *Nach einer mitteilung Friedemanns in*
Herrigs archiv für das studium der neueren sprachen 11, 453
steht dieses und die 4 folgenden stücke in der gleichen ordnung
in einer Idsteiner hs. [*S. hs. 5, no. 3.*] *Anfang:*

Wer drũwe gũlde mit trũwen
Des wolde ich nummer haben rũwen.
Schluss: Ewiclich an vnderlaz
Nu wũnschent alle mit mir daz.   Amen.

5. Bl. 133b. E r z ä h l u n g. [*Gedruckt erzählungen s. 604.*]
Anfang:

Dje alden frommen hant vns geneyt
Dz tugent ist ein eren cleit.
Schluss: Habent got fũr aũgen vnd lobent yn
Hie mide myn rede sal ende sin.

6. Bl. 141. Diß ist d e r s l a f f i n d e h ũ n t. [*Gedruckt er-
zählungen s. 549.*] *Anfang:*

Wer getrũwen dinstlũden dinstlich dũt
Mit arbeit vnd mit flißes mũt.
Schluss: Ewicliche an endes stũnt
Nicht beßers mag vns werden kũnt.

7. Bl. 146. G e d i c h t ũ b e r M a r i a. Anfang:

Eyn wort das wart von oberlant
Mit eyme Engel her abe gesant.
Schluss: Ewiclich vnd vmmerme
Nach vnser lesten fard.

8. Bl. 147b. G e d i c h t a u f M a r i a. Anfang:

Lop habe die zit des lobes
In der got wolde jũngen sich
Kein mensche ward nie so grobez
Is solde besynnen ewiclich.
Schluss: Nũ hilff vns got zũ freuden ye
Das werde war in gotis namen.
                              Amen.

Bl. 155 f. leer.

9. Bl. 157. Dis ist d i e v z r ũ s t ũ n g e d e z h e r c z a u g e n
g o t f r i d e s v o n b u l l i o n. *Anfang:* So hebet hie an die vor-
rede Rũprechten vff die historie Gotfrides hirczaugen dez vor-
genanten. Ich bieden alle die, die diese hystorie lesent. *Schluss:*

So wurdent die vnsern begraben mit dem lobe des almechtigen
godes. Amen.

Folgen lateinische gereimte distichen. Anfang:

> Qvi legis hec dicta no sit tibi mens maleficta
> Vrbane pape dulcia verba cape.

10. Bl. 297b. Lateinische prosa. Anfang: (T)Emporibus
antiquis consuetudo fuisse legitur rerum bonarum studia memorie
mandari.

62.

[*Nürnberg. Valentin Holls handschrift im besitze der familie
Merkel. Beschrieben von Uhland, volkslieder 2, 973 f. und aus-
führlicher von Ph. Wackernagel, bibliographie zur geschichte des
deutschen kirchenliedes s. 80, no. ccxv. Inhalt:*

*1. Vordere holzdecke, innere seite aufgeklebt. Lied. Auch
im Cod. pal. germ. 109, 134b, Bartsch s. 29. Anfang:*

> Es hett sich ain maister ains bedacht
> Er het ain pfinnigen losenn kaufft.

Schluss: Neyn ich maister behüett mich gott
> Wie wer von mir so ain grosser spott
> Wa mans von mir sagett.
> Wa es vndert maister kem
> Kainer wurd mich haben. etc.

*2. Ebenda. Lied. Gedruckt bei Uhland, volkslieder s. 704,
no. 270. Anfang:*

> Ich waiß mir ain maisters tochter gutt
> Wann die treibtt grossenn übermutt.

Schluss: Ir vatter würckt den knappen stul
> Will er ir ze essenn gewynnen. etc.

*3. Ebenda. Lied. Gedruckt bei Uhland s. 702, no. 269.
Anfang:*

> Ain newes liedlein will ich euch veryehen
> Wie zu Augspurg ist den webers knaben geschehen.

Schluss: So maindt man dann es sey von milch
So geüßt sy dz wasser zu zu. etc.
Danach drei blätter register und 1 leeres blatt.
4. *Bl. 1. Prosa:* Ein form des bittens nach der leer
Sancti Pauli. 1. Thimothej. 2. Die man dann yetz zu Zürich
prachenn thutt, jm anfang aller predigenn. *Anfang:* Lassend
vnnß gott ernnstlich bitten, das er sein hailig Ewig wort vnnß
armen menschen gnedigklich öffnen wölle.
5. *Bl. 1. Prosa.* Ain andre gutte nutzliche bekantt-
nus oder offne beücht, durch ain leeßmaister Barfußer ordens,
zu Augspurg, alle predigen dem volck trewlichen vorgesprochenn
etc. *Anfang:* O herr Allmechtiger ewiger gott, jn deinen gwaltt
seind gesetzt alle ding.
6. *Bl. 1. Prosa:* Ain gutt lesen von dem Kremer Cristi
was er gutts zu uerkauffenn hatt. *Anfang:* Es spricht vnßer
herr Jhesus Cristus, jn dem Euangelio Luce am neundtenn
Capittl. Wer nit auffgibtt was er hatt, der mag nit mein Junger
sein. *Weller, repert. typogr. no. 571 ff.*
7. *Bl. 3. Prosa:* Ain vnderricht wie ain Cristenlicher
mensch gott seinem herren täglich beichten soll, Doctoris
Vrbanj Regij Thumpredigers zu Augspurg, Jnn dem 1521.
Jare. *Anfang:* Ee vnd der mensch sein ware bußwertigkaitt
beweist der kürchen. *Panzer, annalen 2, 20, no. 1131. Weller,*
repert. typogr. no. 2250 f.
8. *Bl. 4. Spruch vom bösen missbrauch in der*
christenheit: Nun volgtt hernach ain schöner spruch von
dem bösen mißbrauch in der hailigen Cristenhait entstandenn.
Gedruckt bei Schade, satiren und pasquille 1, 27, no. 5.

        Hörtt zu ir herren meiner sag.
        Die welt füertt yetz ain grosse klag.
        Dz auff wöll stan vil ketzerey.
        Irtumb im glauben auch darbey.
Schluss: So well wir bitten gott aller ding.
        Dz dem frumenn fürsten wol geling
        Vnd im gott geb sein hertz gerecht.
        So werden vil krumer sachen schlecht. etc.

9. *Bl. 6. Hans Walser, klage über Luther:* Ain bericht
wie Doctor Martinus Lutter, von erstenn hinder sölchen schweren
handel komen sey, vnd wz in darzu geursacht, vnd bewegtt hatt.
Weller, repert. typogr. no. 1963. Anfang:

> Ich hab offt ghörtt vor iaren sagen
> Wann es zu nahen ward den tagen.
> *Schluss:* Darmit erlangen die säligkaitt.
> Das helff vnß die hailig driuältigkaitt. Amen.

10. Bl. 9. Ain sermon Doctor Martinj Lutters, so er
auff dem hinweg zu K. M. gen Wurms zu ziehen, auß bitt für-
trefflicher vnd vil gelertter, on vorgenden vleiß oder sunderliche
studierung in der eyl zu Erfortt gethann Anno dominj 1521.
Et Scriptum quoque a me Valentino Holl. Anno dominj. 1524.
Jare. Dise Sermon D. M. L. Ist gethon am Suntag Quasi
modo genitj. Ist geschehen zu Erfortt. *Anfang:* Ir lieben
fraind, die historj des hailigen Thome, will ich yetz steen lassen.
Panzer, annalen 2, 10, no. 1079 ff.

11. Bl. 10b. Intinuation der hochberüempten Vniversitet
Erdfurtt, in Martinum Lutter durch Wolffgang Rusen
verteütschett. *Anfang:* Die weil ich eur fürsichtige Ersame
weißhaitt. *Panzer, annalen 2, 35, no. 1203.*

12. Bl. 11. Ain anzaigung wie Doctor Martinus Lutter
zu Wurms auff dem Reichßtag eingefarenn, Durch Kayserliche
M. In aigner person verhörtt, vnnd mit im darauff gehandelt.
Panzer, annalen 2, 25, no. 1151 ff.

13. Bl. 12b. Ain Dialogus von der zwytrachttung
des hailigen Cristenlichen glaubens, newlich entstanden, dar in
der mensch vnderricht würt, wie er sich in denen vnd andern
yrrthumben halttenn soll etc. *Weller, repert. typogr. no. 2021 ff.*

14. Bl. 13. Ain gutte nutzliche Sermon Doctor Martini
Lutters Augustiner zu Wittenberg, gepredigett am Obristen.
Anno dominj 1521. Vnd durch ainen seiner Discipel vleissigklich
gesamlett etc. Euangelium Mathei. II. *Panzer, annalen 2, 9,
no. 1073.*

15. Bl. 16. Ain nutzliche S e r m o n Doctor M a r t i n i
L u t t e r s, Augustiner zu Wüttenberg, gepredigett an der hailigen
drey künig tag nach mittag, von dem reich Cristj vnd Herodis.
Euangelium. Cum natus esset Jesus in diebus Herodis etc.
Mathej 2. *Panzer, annalen 2, 10, no. 1074.*

16. Bl. 18. Ain S e r m o n von der wirdigen empfahung
des hailigen waren leichnams Cristj, gethan am grun donerstag
zu Wittenberg . . . Durch Doctor M a r t i n u m L u t t e r.
Anno 1521. etc. *Anfang:* Zum erstenn söllen die zum Sacrament
nit geen, die in offenlichen sünden vnd bösem fürsatz ligen.
Panzer, annalen 2, 10, no. 1075 ff.

17. Bl. 19 b. Ain S e r m o n von dem newen Testament, dz
ist von der hailigen Messe. Doc. M a r. L u t t e r s. *Anfang:*
Zum ersten das leret vnß die erfarung aller Cronicken. *Panzer,
annalen 3, 188 zu no. 974.*

18. Bl. 26 b. Ain S e r m o n von dreyerlay guttem leben,
das gewissen zu vnderrichten, Doct. M a r. L u t t e r. 1521. Scrip-
tum a me Valentino Holl Anno dominj 1524. post Jacobj.
Anfang: Zum ersten ist zu mercken, wie durch Moisen im
alten testament der allmechtig gott beualch zu machen ain
tabernackel. *Panzer, annalen 2, 9, no. 1070 ff.*

19. Bl. 28 b. ·Ein newer S e n d b r i e f f von den bößenn gaist-
lichen geschickt zu irem rechtten herren. Noch mer ain Antt-
wurtt von irem Erbherren vnnd ist vast Lustig zu lesenn. *Anfang:*
Dem großmechtigisten fürsten, vnd Herren Herren Lucifern
sampt seiner Hellischen versamlung Enbietten wir N. Bapst
zu Rom. *Panzer, annalen 2, 50, no. 1243 f.*

20. Bl. 29 b. Die verteutscht B u l l a vnder dem namen des
Bapstes L e o des zehenden, wider Doctor M a r t i n u m L u t t e r
außgangen jn dem .1500. vnd .20. Jare. *(rot:)* Nota. Leo Bischoff
ain diener aller diener Gottes. zu ewiger gedechtnus der sachen.
Item dieser obangefangnen bulla bin ich gar verdrossen worden
zu schreiben dann kain ander dann valscher text geet von
disem Leo, wider den Martinum. *Panzer, annalen 1, 438, no. 982.*

21. Bl. 29b. Wie H i e r o n y m u s v o n P r a g ain anhänger Johannis Huß durch das concilium zu Costentz für ain ketzer verurtailt vnd verpräntt worden ist, vnd wie er sich zu sterben bernitt hat etc. I t e m wie Jeronimus ain iunger Joannis Hussen ain böhems Ketzer des glaubens verprentt ward im concily zu Costentz, vnnd mit was dürftigkaitt er anttwurtt seinen widerpartten, vnnd zu lettst sein sach mit kluger red thett außlegen vnnd an den tag bringenn schreibt P o g i u s Florentinus seinem ainigenn Leonardo Florentino. etc. 1524. *Panzer, annalen 2, 7, no. 1055.*

22. Bl. 32. Ain anzaigung wie allwegen sich die Römischen Bischoff oder Bäpst gegen den teutschen Kaysern gehalten haben, durch V l r i c h e n v o n H u t t e n auff das kürtzest, auß Cronickenn vnnd Historien gezogenn, kayserlicher Maiestatt fürzubringenn. *Vgl. Goedeke 2¹, 231, no. 34. Weller, repert. typogr. no. 1407 ff.*

23. Bl. 34b. Namhaffter o f f e n b a r u n g e n zwu. Aine sagt der alt J o a c h i m. Die andre die hailig fraw H i l d e g a r d i s, so inen von gott geoffenbartt ist worden, der propheceyen gar nahend sind. *Weller, repert. typogr. no. 931. Anfang:*

> Wa ich nach wenen soll veryehen.
> Wz in kürtze soll beschehen.

Schluss: Der gleichen wir auch möchten erfaren.
> Nur gottes gnad thüe vns bewarenn.
> Amen. Gott sichts alls.

24. Bl. 36b. P a m p h i l u s G e n g e n b a c h, d i e t o t e n f r e s s e r: Ain lesen von den Todten fressern. *Gedruckt bei Goedcke, Gengenbach s. 153. Anfang:*

> Der Bapst redt von ersten
> Den todten greiffend dapffer an,
> Wann ich den gwalt von Cristo han.

Schluss: Die vnß billicher sollten geben.
> Wöllten sy besitzen ewigs lebenn. etc.

25. Bl. 37. Ain gütter D i a l o g u s oder gespräch büechlin, v o n a i n e m r e c h t g e s c h a f f n e n C r i s t e n menschen.

Goedeke 2², 266, no. 7,b. *Am schluss:* Sic est finis huius a me Valentino Holl. Anno dominj nostrj Jhcsu Cristj. Millesimo quingentesimo vicesimo quinto, Die vicesimo primo Julij. Nichts on vrsach.

26. Bl. 69. Ain spruch von ainem Adler vnd Hanen. geschehenn zu Mayland, In dem Jenner, do man zalt nach der geburtt Jhesu Cristi vnßers herren. 1520. Jar.

> Ain spruch gemacht von newer gschichtt
> Der dich gar kurtzlich vnderricht. *u. s. w.*

Geschribenn am tag Andree. Anno dominj nostrj. Jhesu. 1524. *Gedruckt bei Liliencron 3, 353, no. 345. Anfang:*

> Mein anfang sey zu gottes eer.
> Der alle zeitt vnd noch biß heer.

Schluss: Den gott well haben in seiner hutt.
> Darumb sprecht Amen Dz dunckt mich gutt.
> etc. Anno dominj 1524.

27. Bl. 69. Roßner, Ain gar wünderschöner spruch genant der kündtpetthoff. *Gedruckt erzählungen s. 177: Vgl. fastnachtspiele, nachlese s. 304. Germania 33, 161 f. Anfang.*

> Ains tags spaciert ich auß nach lust.
> Hin in ain hauß ich mich verdust.

Schluss: Der maint man mög in nit betriegen.
> Spricht Rößner in seim frawen kriegen.

28. Bl. 70. Ain spruch oder red, Vom öberstenn richtter. *Anfang:*

> Ains mals ich an aim ende saß.
> Do man manch seltzme frag auß maß.
> Wer ainß erriett dem gab man breyß.

Schluss: Künd ich den weysen gar zuuil.
> Darumb ich hie mit enden will.

29. Bl. 70b. Hans Folz, Ain andre rettersch. *Gedruckt in Haupts zs. 8, 541. Anfang:*

> Es wz verkündt in ainer fügur.
> Vnd ward darnach ain Creatur.

Schluss: Beaunder zu dem wein vil mer.
Also spricht H a n s V o l t z Barbierer.

30. Bl. 71. H a n s F o l z, Ain spruch volgt hernach, zaigt
an Von wannen die Affen kommen. *Gedruckt in Haupts
zs. 8, 537. Vgl. Goedeke 1², 331, no. 33. Anfang:*

Ich fraget ainest ain der mer
Von wannen die affen kemen her.
Schluss: Doch schuff die weyßhaitt das vnker.
Also spricht H a n s F o l t z Barbierer. etc.

31. Bl. 71. Hans Ramminger, Vom ritter mit der roß-
hautt. *Gedruckt erzählungen s. 201. Vgl. Goedeke, grundriss
1², 303, no. 53. Büchtold, deutsche hss. aus dem brit. museum
s. 78, no. 26. Nach dem cgm. 270, 64 und 379, 27 sowie dem
pal. germ. 384, 114a, Bartsch s. 118, dem Teichner zugehörig.
Oder umarbeitung des Teichnerschen spruches? Anfang:*

Ain ritter wz in oberland.
Der wz ain dienstman wolbekantt.
Schluss: Dz er seine weibes maister wer.
Also spricht der H a n n s R a m m i n g e r. etc.

32. Bl. 71b. Ain spruch V o m B u r g e r j m h a r r n ä s c h
etc. *Gedruckt erzählungen s. 197. Vgl. Goedeke, grundriss 1²,
303, no. 54. Anfang:*

Ain reicher Burger hett ain weib.
Die zoch auff hoffartt iren leib.
Schluss: Vnd wer fürhin die burgerin kantt.
Ward sy die burgerin im harnasch genantt.

33. Bl. 72. Ain spruch v o n a i n e r f r a w e n v n d i r
m a y d wie sy mit ainander kriegenn. etc. 1524. *Gedruckt er-
zählungen s. 222. Vgl. fastnachtspiele, nachlese s. 322. Goedeke,
grundriss 1², 331, no. 51. Anfang:*

Ainer nacht da gieng ich spatt vom wein.
Ich vnd auch ander gesellen mein.
Schluss: So schnitt wir niemantz ab sein eer.
Vnd volgten nach des priesters leer. etc.

34. Bl. 72. Hans Rosenblut, Ainsprüch von aim
Barbierer volgtt hernach. Anno 1524. *Auch hs. 42, 274.
103, 18. Gedruckt erzählungen s. 426. Vgl. fastnachtspiele,
nachlese s. 303. Anfang:*

> Ich stand in ains Barbierers hauß.
> Vnd sach zu ainem venster auß.

Schluss: Wann sy thett krencken mein gemüett.
Dz hatt gedicht Hanns Roßenplüett. *etc.* Anno 1524.

35. Bl. 73. Hans von Worms, ain gar hüpscher spruch
Vom kauffmann zu Basel. *Gedruckt erzählungen s. 228.
Vgl. fastnachtspiele, nachlese s. 320. Goedeke 1², 332, no. 46.
Anfang:*

> Ains mals ain reicher kauffman wz.
> Zu Basel er mit hauße saß.

Schluss: Wer kan für böser weib gefeer.
Spricht Hans von Wurms Barbierer. *etc.*

36. Bl. 73. Ain spruch Von dreyen gesellen die in
ain statt kamen, vnd wie sy wein, prott, vnd visch, da selbs
zu wegenn brachttenn. *Gedruckt erzählungen s. 104. Anfang:*

> Ich kam gegangen auff ain plaun.
> Da fand ich bey ainander stan.

Schluss: Vnd wils also für ain warhaitt jechen
Dz es zu Costentz ist geschechen. *etc.*

37. Bl. 74. Hans von Worms, von ainem trucknen
man, wie in sein weib thett überreden er wer vnrecht gangen.
1524. *Gedruckt erzählungen s. 286. Vgl. fastnachtspiele, nach-
lese s. 321. Goedeke 1², 332, no. 47. Anfang:*

> Nun hörtt ain kurtzweil die sich macht.
> Zu ainer zeitt auff ain nacht.

Schluss: Der überlistet weibs gefeer.
Spricht Hans von Wurmbs Barbierer.

38. Bl. 74b. Ain lied vonn ainer Eebrecherin. *etc.
Steht nochmals auf dem rückdeckel der hs., s. unten no. 221.
Gedruckt bei Uhland s. 728, no. 282. Böhme, altdeutsches liederb.*

s. 586, no. 471. Vgl. Alemannia 3, 170. Goedeke, grundriss 2³, 31, no. 11. 34, no. 2a. Anfang:

> Es hett ain byderman ain weib,
> Ir dick wolt sy nit lan.

Schluss: Der teüfel far ins hee, in dz hee,
Nach graumat in dz gee. etc.

39. Bl. 74b. Lied vom armen schuster, ohne überschrift. Gedruckt bei Uhland s. 726, no. 280. Böhme, altdeutsches liederb. s. 326, no. 249. Anfang:

> Es war ain mal ain schuster,
> Gar ain armer schuster.

Schluss: Lieber mann nun plaß mir in ars,
Das rindlin hab ich selber gaß. etc.

40. Bl. 74b. Ain ander seltzam lied. Anfang:

> Nun well wirs aber heben an,
> Ain newes lied zu singen,
> Von ainer dirnen ist hüpsch vnd fain,
> Sy läst sich waydlich mynnen.

Schluss: Sy flegett ainem vogler wol,
Für maysenn auff ain klobenn. etc. 1524.

41. Bl. 74b. Lied ohne überschrift. Gedruckt bei Uhland s. 727, no. 281. Anfang:

> Es gieng ain mal ain man außgehuncken,
> Er hett weder gessenn noch getruncken.

Schluss: Ist er dann ain biderman,
So hebtt er am montag wider an. etc.

42. Bl. 74b. Ain spruch von ainer frawen die ain Pfaffenn bulett, vnd wie vil sy iren man vnglicks anlegett. Gedruckt erzählungen s. 324. Vgl. Wagners archiv 1, 431, anm. 42. Anfang:

> Wann nyemantz nöttigz hett zu schaffen,
> So wöllt ich sagen von ainem pfaffen.

Schluss: Doch hieß man sy gar offt ain sack.
Daz sy der ritt schitt iar vnnd tagk.

43. Bl. 75b. Hans Schneider, Ain spruch von dreyen

m a n n e n, die ab iren weibernn klagenn. *Gedruckt erzählungen*
s. 188. Vgl. Goedeke, grundriss 1², 302, no. 52. Anfang:

Ich stand ains mals an ainem ortt.
Da hortt ich dreyer man wortt.

Schluss: Ainander tragen fru vnd spatt.
Also H a n n s s c h n e i d e r gesprochen hatt.

44. Bl. 76. Marx Würsung, Ain spruch v o n a i n e r
m a y d d i e w u s c h. *Anfang:*

Ains tags ich auß spacieren gieng.
Ains frembden wegs ich mich verfieng.
Der weysett mich auff ainen bach.

Schluss: Wann er dar nach ain wenig rung.
Also geschach auch mir M a r x W ü r s u n g.

45. Bl. 76. Claus Spaun, Ain gar schöner spruch v o n
a i m d e r s o l l t a i n D o c t o r w e r d e n, wie er sein gelt ver-
thett. etc. *Gedruckt erzählungen s. 334. Vgl. Goedeke, grund-
riss 1², 303, no. 57. Anfang:*

In ainer statt ain burger saß.
Der selb reich vnd erber wz.

Schluss: Vnd wills yetz also lassenn stan.
Als dann gesprochen hatt C l a u s S p a u n. etc.

*46. Bl. 77b. Hans Rosenblut, spruch von der wolfs-
grube:* Nun volgtt hernach ain spruch der sagtt v o n a i n e m
E d e l m a n der hett ain frawenn die bultt ain pfaffenn. Vnd
die fander in ainer wolffgrubenn. *Gedruckt erzählungen s. 365.
Vgl. fastnachtspiele s. 1195. 1332. Nachlese s. 309. Anzeiger
f. kunde der deutschen vorzeit 1859, sp. 365, 27. Anfang:*

Nun schweigt so will ich heben an.
Ain kurtzweil von aim Edelman.

Schluss: Da helff vns gott hin mit seiner gutt.
Dz hatt gedicht H a n s R o s e n p l ü t t. etc.

47. Bl. 78. Hans Folz, Ain spruch v o n a i n e m d e r
B u l t v m b a i n p a u r e n m a i d, vnnd dz gschach in ainem
stall. etc. Item hie hab ich angefangen schreiben am newen

Jars abenntt Do mann erst anefienng zu zelenn Nach der ge-
bûrtt Jhesu Christi vnnßers sáligmachers Anno . 1525. *Voll-
ständiger gedruckt durch Wackernagel in Haupts zs. 8, 510.
Vgl. Zarncke, ebendas. s. 542. Goedeke 1², 331, no. 28. Anfang:*

> Wann yederman sich red wőltt massenn.
> Vnd wőltt euch ettwz sagen lassenn.

Schluss (= v. 199 f. Wackernagel):

> Vmb kain pauren mayd pul ich meo.
> Wie es mir Immer sunst ergee. etc.

48. Bl. 78b. Peter Poll, Ain spruch auß den zehen
gebotten. *Anfang:*

> Wann ich wer geren frum vnd steet.
> Vnd wer mir auch nit vnrecht thett.
> Wann aber ich vntrew empfind.
> Mein manttl scheib ich gen dem wind.

Schluss: Vnd dz soll werden offennbar.
> Dz redt auch Petter poll fůrwar.

49. Bl. 79. Ain spruch von vnßers herren angesicht.
Im anfang des newen Jars Anno . 1525. *Gedruckt erzählungen
s. 38. Anfang:*

> Wellend ir schweigen vnd betagen
> Von gottes angsicht will ich sagen.

Schluss: Crist helff vnß durch dz angsicht sein.
> Vnd Maria dio edel kûnigein. etc. Anno dn̄i. 1525.

50. Bl. 79. Ain spruch von natûrlicher liebe volgt
hernach. *Anfang:*

> O hailiger gaist nun gib mir ratt.
> In meiner vernunfft dz ist mir nott.

Schluss: Dz ewig fron himelreich.
> Das geb vnns gott allenn geleich. etc.

51. Bl. 80. Der Teichner, Ain spruch von verhaissenn
vnd nit halten. *Vgl. Bartsch, Heidelberger hss. s. 116 zu
no. 207, 42a. Anfang:*

> Stoch ain yeder ayd als ain doren.

Es wurd ir souil nit geschworenn.
Als auch herr fridang hatt gesprochenn.
Schluss: Das wir erwerbenn gottes huld.
Vnd dz wir dört alle geleich.
Bey gott besitzenn dz himelreich. etc.

52. *Bl. 80.* Ain spruch Von gaylin der vaßnacht
töchtern. *Gedruckt erzählungen s. 658. Anfang:*

Ain frische dirn wolgemutt.
Die sprach es dunckt mich allzeitt gutt.
Schluss: Wie rechtte sucht also gutt wer.
Also redt auch der dichter.

53. *Bl. 80b.* Ain spruch von ainer Bulschafft.
Vgl. Barack, die hss. zu Donaueschingen s. 47, no. 4. Anfang:

Vil offt vnd dick so redt der mund
Dz im leütt in seins hertzen grund.
Vnd dz er auch nit klagen tar.
Darumb so will ich sagen gar.
Vnd auch als der von Labach spricht.
Vnd auch in seinem iag gedicht.
Schluss: Vnd ymer on end lobe dich.
Mit freuden in dem himelrich. etc.

54. *Bl. 81. Hans Krug, neujahrsgruss an die frauen:*
Ain spruch der trifft frawen vnd Junckfrawen lob.
Gedruckt Germania 25, 107. Vgl. Goedeke I², s. 304, no. 5.
Anfang:

Mancher lobt dz im geuellt.
Ich lob die frawen außerweltt.
Schluss: Vnd habt ain kläin von mir vergütt.
Auch dise red der krug thutt. etc.

55. *Bl. 81b.* Ain spruch von Cristelicher leer.
Steht auch hs. 42, 312b. Anfang:

Hör mensch ich will dir lere gebenn.
Wie du soltt füeren hie dein leben.
Schluss: Er ist ain geber aller ding.
Herr hilff dz vns dörtt wol geling.

56. Bl. 81b. Hans Krug, parodie des Cato. Ueber-schrift am rande: Ain spruch vnd leer des wider-synns. *Gedruckt bei Zarncke, Cato s. 143 ff. Anfang:*

> O lieber sun nun ruck herzu.
> Wz ich dir ratt dz selb dz thu.

Schluss: Wann es dir auch gar wol an statt.
Hans Krug dz wol gesprochen hatt. etc.

57. Bl. 82. Ain kleglicher spruch Von dem mittleiden Marie. *Anfang:*

> Du außerwelte Cristenhaitt.
> Helfft mir klagen mit grossem laid
> Marie der vil raine magt.

Schluss: Der helff vns noch disem lebenn.
Auch dörtt in seinem himel schwebenn. etc.

58. Bl. 82b. Spruch vom frauenlob. Vgl. unten no. 81 und 118. Nun volgt ain andrer spruch hernach. *S. zu hs. 42, 251b. Anfang:*

> Wz gott mit freuden ye erdacht.
> Dz hat er wirdigklich volbracht.

Schluss: Vnd nach dem tod dz ewig lebenn.
Dz well vnß gott dörtt ewig geben. etc.

59. Bl. 83b. Ain spruch von dem gotts lesterenn. *Anfang:*

> Mich wundertt seer zu diser frist.
> Wie die weltt so verlassenn ist.

Schluss: Maria mutter raine maid.
Laß dich darumb gebetten sein.
Vnd auch dein liebes kündelein.

60. Bl. 84. Ain spruch thutt anzaigen durch red vnd ant-wurtt wa eer hin komen sey. Anno dominj. 1525. *Anfang:*

> Ain grawer man fragt mich der meer.
> Wa rechte eer hinkomen weer.

Schluss: Nach vnßerm vnd dz ewig reich.
Besitzen mit den ennglenn gleich. etc.

61. Bl. 84b. Ain spruch von ainer bösen alten Kupplerin mit ainem Thumherren vnd mit ainer eefrawen. *Steht auch cgm. 270, 85 und cgm. 379, 45; Goedeke, grundriss 1², 300, no. 8. Gesammtabenteuer 1, 189, no. 9. Anfang:*

> Wann man von wunder listenn saitt.
> So denckt man Marcolffus listigkaitt.
> Vnd wie er da ain tierlin schand.
> Vnd in heutte er sich wand.

Schluss: Groß ellend in darümb gezimptt.
> Darmit die red ain ende nympt.

62. Bl. 86. Ain spruch von ettlichen stetten, vnd von irm lob. *Steht auch hs. 103, 324b und hs. 53, s. 181, s. Anzeiger für kunde der deutschen vorzeit 1859, sp. 406, 57. Fastnachtspiele s. 1433, 15. Anfang:*

> Wol auff gesell wir wellen wandern.
> Sprach ain gutt gsell zu dem andern.

Schluss: So gibt man im ain sölchen vorauß.
> Ain plaß im in ars vnd zum tor hinuß.

63. Bl. 86b. Ain gar schöner spruch von Sant Barbara der hailigen Junckfrawen. *Anfang:*

> O Barbara hailige iunckfraw.
> Du wunekliches himeltaw.

Schluss: Dz ich auch nit müg ersterben.
> Ich hab dann beücht mein sünd vnd berewtt.
> Vnnd alles mein leben ernewtt. etc.

64. Bl. 87b. Man vindt geschriben in dem buch. Die new geschicht von dem bundtschuch. Wie vnd wa er ist angefangen. Auch wie es in yetz ist ergangen. Ain spruch. *Gedruckt bei Liliencron 3, 133, no. 284. Vgl. Goedeke, grundriss 2², 147, no. 13. Anfang:*

> Die newen leff yetz in der weltt.
> Seind wunderlich vnd vngezeltt.

Schluss: Nit mer sag ich von Bundtgnossen.
> Gott well vns all nit verlassen.

65. Bl. 88b. *Ulrich Wiest, lied ohne überschrift.*

Gedruckt bei Uhland, s. 423, no. 165. Liliencron 1, no. 89;
vgl. Goedeke 1², 312, 22. Anfang:

> O herre gott ich klag dir als mein laid,
> Vnd den Irresal der gantzen Cristenhaitt.

Schluss: Dem hailigen reich schenck ich dz mein gedicht
Maria zu dir setz ich mein zuuersicht.

66. Bl. 88b. Ain lied vom Muttschelbeckenn, das ist
in dem thon als dz lied von der frawen von weissenburg.
Gedruckt bei Uhland 1, 315, no. 130. Anfang:

> Well wir aber singen,
> Vnd well wir heben an,
> Wol von dem Muttschelpecken.

Schluss: Er danckt dem Burgermaister,
Vnd auch ainem weysen ratt. etc.

67. Bl. 89b. Lied von Regensburg: Ain lied in
Toller Meledey, wz sich vor alter in der löblich statt Regens-
purg hab verlauffenn, vnd auch was nun yetz und in kurtzen
iaren, für wunderzaichen geschehen, von vnßer lieben frawen.
Gedruckt bei Liliencron 3, 328, no. 338. Anfang:

> O warer got vnd herre,
> Ich sünder rüeff dich an.

Schluss: Thett man den sack verprennen,
So wer die sach vast gut. etc.

68. Bl. 90. Ain lied von dem Danhaußer. *Gedruckt*
bei Uhland s. 761, no. 297 A. Böhme, altdeutsches liederbuch
s. 82, no. 21. Anfang:

> Nun will ich aber heben an,
> Von dem Danhauser singen.

Schluss: Des muß der vierde Bapst vrban,
Auch ewig sein verloren. etc.

69. Bl. 90b. Hans Schneider, Ain spruch ermanung
halben zum Römischen Kaiser Maximiliana. etc.
Gedruckt bei Liliencron 3, 106, no. 279. Anfang:

> O kayserlich wird vnd künigklich eer.

Maximilian du frumer herr.

Schluss: Gott wend der weltt sölch missethatt.
    Als Hans schneider gesprochenn hat. etc.

70. *Bl. 91. Hans Schneider,* Ain spruch von der schlacht im Niderland. *Gedruckt bei Liliencron 3, 18, no. 255. Anfang:*

Vor Cristi geburtt vor langer zeitt.
Sagt vns die schrifft von krieg vnd streitt.

Schluss: Gott selbs weys vns den rechten pfatt.
    Also Hans schneider gesprochen hatt. etc.

71. *Bl. 92. Hans Schneider,* Ain andrer gutter spruch. *Weller, repert. typogr. 1633. Anz. f. kunde der deutschen vorzeit 1866, 61. Anfang:*

Mein hirn hatt aber nymer ru.
Die newen leff die fallen zu.
Herr durch dein mechttigkliche güett.

Schluss: Der diß gedicht gemacht vnd seitt,
Ist kü(n)igklicher Mayestatt poett.
Hans schneider bin ich hie genant.
Von Augspurg weitt erkantt.
Ich winsch den reichenn vnd den armen.
Dz sich gott thue vber vns erbarmen.
Dz vns dz alles widerfar.
Dz sey euch gschenckt zum gutten iar. etc.

72. *Bl. 92b.* Ain spruch zu lob vnd eer der durchleichtigen hochgebornen fürstin vnd frawen, fraw Sabina Hertzogin zu Württemberg vnd Teck grafin zu Mümpelgartt geborne Hertzegin zu Bayernn vnd pfaltzgrüfin bey rein, meiner gne. frawen. etc. *Anfang:*

Wie gern ich für die fürstin trett.
Wann mir ain mensch vmb vrlaub pett.
Dz ich ansech die münecleich.

Schluss: Dz sy hie in tugent schweben.
Sy vnd wir dz ewig leben.
Besitzen dört in deinem namen.
Nun sprechen alle sambd yetz Amen. etc.

73. *Bl. 93b. Hans Schneider,* Ain spruch von der

ersterung Hohen Kreenn. *Gedruckt bei Liliencron 3, 77,*
no. 270. Anfang:

> Seid fürsten herren stett vnd gmain
> Ir sachen nit seind über ain.

Schluss: Wie mir dz Herman gropmar sait.
> Der hatt gesehen selbs die thatt.
> Als Hans schneider gesprochen hatt. etc.

74. Bl. 94. Ain spruch von der teurung. *Anfang:*

> Wz ich auff erd hab ye gedicht.
> Vnd aller lerer mund außspricht.
> Ist alts verloren vnd gar vmb sust.
> Die weltt wil haben iren lust.

Schluss: Kain schwanger fraw ist nit frey.
> Es hilfft auch kain gelaitt nit mer.
> Nun merckend was zu lettst drauß wer. etc.

75. Bl. 94b. Kunz Hass, Ain spruch oder gedicht von
allerlay rauberey. *Anfang:*

> Dichten dz ist poeterey.
> Vnd würdt geübtt in mancherlay.
> In teutsch in wälsch vnd latein
> Vnd wz für sprach auff erden sein.
> Hatt alts auff dise kunst ain acht.

Schluss: Vnd darumb hab ich Contz haß.
> Dz dicht gemacht in der gestaltt.
> Vnd dz man gott vor augenn haltt.
> Vnd Mariam' die Junckfraw zartt.
> Wann ain yeder im tag nin fartt.
> Sich vnd sein aigen werck erkentt.
> Vnd bett gott vmb ain sälig ennd.
> Wann sich soll scheidenn sel vnd leib.
> Sprecht amen alle man vnd weib. etc.

76. Bl. 95b. Hans Schneider, Ain spruch vom hauß
von Osterreich vnnd vons kayser friderichs krönung volgt
nach. *Gedruckt bei Liliencron 2, 565, no. 250. Anfang:*

> In lob der hailigen trinitatt.
> Dar durch all sach ain anfang hatt.

Schluss: Dz er euch trewlich bey bestatt.
> Also Hanns schneider gesprochen hatt. etc.

77. Bl. 96. Martin von Reutlingen, spruch vom krieg in Italien: Es stätt yetz in dem Jamerleich. So vbel vnd erschrockenleich. Das söltt ir lesenn arm vnd reich. Ain spruch. etc. *Gedruckt bei Liliencron 3, s. 43, no. 262. Anfang:*

> Mein hertz hatt weder ru noch rast.
> Ich fürcht den grossen vberlast.

Schluss: Dz new gedicht zu lob vnd eer.
> Schenckt euch M a r t i n v o n R e i t t l i n g e n.
> Den ich ain armen burger nenn.
> Zu eßlingen im neckertal.
> Da ist warlich sein narung schmal.
> Sicht dz ain weyser rat nit an.
> So ist er ain verdorben man. etc.

78. Bl. 96b. F r a g G r o y (d. i. Jörg G r a f), umarbeitung von Pamphilus Gengenbachs gedicht von t o d, engel und teufel: Hörtt wunder wie es ist ergangen. Wie man den tod engl vnd teufel hat gehangen. Die tribenn wunderlich geschicht. Als euch diser spruch bericht. etc. 1525. *Vgl. Goedeke, Gengenbach s. 32. 441. 557. Grundriss 2², 147, no. 4. Anfang:*

> O reicher gott gantz vngezaltt.
> Deine wunder die seind manigualt.
> Die kain zung nit außsprechen mag.
> Auff erd sendestu vns manche plag.

Schluss: Noch vil tribens dz ich beschreib nicht.
> Man hörtt nit gern lang geschicht.
> Also gieng es zu Berlin aim württ.
> Frag groy hat dz dichtt corigiertt. etc.

79. Bl. 97. D i e z e h e n g e b o t t g o t t e s. Im donn. In gottes namen faren wir. *Gedruckt bei Wackernagel, kirchenlied 3, 15, no. 22. Anfang:*

> Diß seind die hailigen zehen gebott,
> Die vns gab vnßer herre gott.

Schluss: Es ist mit vnßerm thun verlorn,
> Verdienenn doch eyttel zorn,
> Kirieeleyson.

80. Bl. 97b. Lutherische parodie des Dies est leticie: D a z
k ü n d l i n   w i e g e n, oder weyhenecht lied, den mainttenn gaist-
lichen zu ainem lob zugericht.   Zu ainem newenn iar volgt hernach
etc. *Gedruckt bei Wackernagel, kirchenlied 3, 393.   Vgl. Bartsch,
Heidelberger hss. 179 zu 325, 126a.   Ferner cgm. 100, 4.   Weller,
annalen 1, 300, no. 46.   Mones anzeiger 2, 277. 8, 352.   Haupts
zeitschrift 8, 339.   Goedeke, grundriss 2², 293, no. 33.   Anfang:*

> Der tag der ist so freudenreich,
> Aller Curtisanen,
> Den andern pfaffen auch dergleich,
> Papistischen caplanen.

Schluss: Sy zement dz roß bey dem arßloch auff,
> Vnd wellend rechtt han. etc.

81. Bl. 97b. Ain hüpscher spruch, sagtt v o n   f r a w e n
l o b. *Derselbe spruch wie oben no. 58 und unten no. 118, doch
weicht der schluss ab.   Anfang:*

> Wz gott zu freuden ye erdacht.
> Das hat er würdigklich volbracht.

Schluss: Dz sey geredt auff diser fartt.
> Von den edlen frawen zartt.
> Die hab gott in seiner war.
> Darmit hatt es ain ende gar. etc.

82. Bl. 98b. Paulus Zing von Isny, Ain tantzlied v o n
a i n e r   w e b e r i n. *Anfang:*

> Ain newes lied dz will ich euch verkünden.
> Von ainem knaben der woltt nit erwinden.
> Er nam ainer hüpschen weberin war.
> Wolt ir zu nachtz houieren.

Schluss: Zu Yßnyn so ist er nun gesessenn.
> Der disen gugger hatt außgemessenn.
> P a u l u s   z i n g   ist er genanntt.
> Dem ain gugger enttrynnett.
> Deß hatt er lützcel schand. etc.

83. Bl. 99. Ain hüpscher gaistlicher spruch. *Bartsch,
beitr. z. quellenkunde s. 368.   Anfang:*

> Ach Cristenuolck von syon.

Dein schöpffer du heutt lobe schon.
Schluss: Vnd das kein sel darumb verderb.
Vnd das er vns auch welle gebenn.
Nach diser zeitt das ewig leben. etc.

84. Bl. 99. Ain spruch genant der gaistlich fluß. Wer list das gaistlich flüßlins spil. Hab achtt vnd nem im wol der wil. etc. *Vgl. Goedeke, Gengenbach s. 533. Anfang:*

Ain newes spil dz haist im fluß.
Dz spiltt man yetzund von verdruß.
Merck yeder wie dz ist ain spil.
Schluss: Gott well dz spil mit freuden enden.
Dz wir sein gnad mit freuden erkennttenn.
Amen. Anno dominj nostrj Jhesu Cristj 1525 in der vasten.

85. Bl. 100. Ain spruch von ainem newen iar. *Anfang:*

Ain gutt new sälig iar.
Verkünd ich euch allenn offenbar.
Vil besser dann all practica.
Die vil liegenn et cettera.
Schluss: Das wir alle gnad erwerbenn.
Vnd hie auß disem zeitt ersterbenn.
Werden kinder ewiger säligkaitt.
Das helff vns die driualttigkaitt.
Amen, in kurtz ichs beschliessenn.
Lang red thutt die leutt verdriessen. etc.

86. Bl. 100b. An disem spruch da vindt ir frey. Der valschen bettler teuscherey. Den gibtt man geltt flesch wein vnd prott. Die fromen last man leidenn nott. Der sollt sich erbarmen lassenn. Vnd solt die schelck zum tor nauß stossenn. Nun liß du dz gedicht. Du wirst schon werden vnderricht. *Anfang:*

Eins tags batt mich ein herr zu gast.
Der hett gezierett sein palast
Mit tösch vnd bäncken nach dem bestenn.
Schluss: Wz du thust dem fromen armen.
Dz haustu selber mir gethan.
Nun läst vnß all gott rüeffenn an
Dz er sich über vns erbarm.
Sprecht alle amen reich vnd arm. etc.

87. Bl. 101b. Ain hüpscher spruch, der sagtt von dem aller hailigistenn jn gott vatter B a p s t L e o etc. V n d dem großmechtigen k a y s e r M a x i m i l i a n etc. Vnd von dem Türckenn, welcher dann ist ain großer durchächtter der ganntzenn Cristenhaitt. etc. *Gedruckt bei Liliencron 3, 212, no. 306. Vgl. Goedeke 2², 255, no. 23, a. Anfang:*

> Maria vnnßers glaubens anefang.
> Hülff dz mein pitt gewünn fürgang.

Schluss: Dz hatt J ö r g g r a f f gesprochenn zu eren
Dem großmächtigen Maximilian.
Vnd allen seinen vnderthan. etc.

88. Bl. 102b. Ain lied v o n d e r h i m e l u a r t t M a r i e, jm Regenbogen langen donn. *Anfang:*

> Da gott zu im in ewigkaitt,
> Ab erd wolt nemen Mariam die mutter sein.

Schluss: Maria gab in iren segenn,
Vnd fur mit irem geferttenn wider dar,
Mit leib vnd sel in himels tron,
Gott sprach mein mutter hatt volendett gar. etc.

89. Bl. 103b. Ain hüpsch lied, W i e s i c h y e t z g a i s t - l i c h v n d w e l t t l i c h h a l t t e n, Vnd dz ist ins spetten thon. *Gedruckt bei Wackernagel, kirchenlied 2, 1073, no. 1306. S. Goedcke 1², 317, no. 65. Anfang:*

> In freuden sölt ir sein behafft,
> Vnd lobent gott mit voller krafft.

Schluss: Ist es also als ichs vernam,
Von ainem kind kund noch kain bappenn essenn. etc.

90. Bl. 104. J ö r g G r a f, Ain lied, V o n a i n e r v i s c h e r i n, Inns hallers donn. etc. *Gedruckt erzählungen s. 345. Weimar. jahrb. 4, 429. Vgl. Mones anz. 8, 155. 376. Weller, annalen 1, 211, no. 50. 2, 533. Goedeke 2², 256, no. 23, k. Anfang:*

> Nun hörtt jr herren all geleich,
> Wie yetz bei Wien in österreich.

Schluss: J ö r g g r a f f der machett dz gedicht. . . .

8*

Wie wir bewaren vnßer sel
Dz wirs dörtt nit versenckenn, versenckenn. etc.

91. Bl. 104 b. Ain spruch auß wz vrsach man die Juden
zu Regenspurg vertribenn hatt. *Gedruckt bei Liliencron*
3, 326, no. 337. Anfang:

Mit der warbaitt thutt man sagenn,
Dz sich offt in kurtzen tagen.

Schluss: Wandeltten in disem lebenn.
Gott well vns das ewig geben. Amen.

92. Bl. 105. Ain spruch vom rebhänßlin. Gott hatt
geschaffen mich so rechtt. Mich lobtt der herr vnd auch der
knecht. Die lamen krippel mach ich dantzen. Fechtten auch
mit feüchtten lantzen. etc. *Gedruckt altdeutsche blätter 1, 406.*
Vgl. fastnachtspiele s. 1335, no. 47. Nachlese s. 333. Anzeiger
f. kunde d. deutschen vorzeit 1859, sp. 364 Anfang:

Gott grieß dich lieber reben knecht.
Du bist mir sumer vnd wintter rechtt.

Schluss: Wann welcher frölich trinckt on maß.
Der muß vil sorgen von im stoß.
Den gutten wein geb gott vnß all.
Wer dz beger sprech amen bald. etc.

Der anfang stimmt zu hs. 46, 47, fastnachtspiele s. 1335.
Altdeutsche blätter 1, s. 406, no. 7 (vgl. Goedeke, Gengenbach
s. 519). Der schluss ist abweichend.

93. Bl. 105. Ain spruch von ainem maler. etc. *Nach*
cgm. 713 gedruckt fastnachtspiele s. 1180. Anfang:

Ob ir wölt schweigen vnd betagen.
Ein aubentteür wil ich euch sagen.

Schluss: Vnd wz der maler ain fromer man.
Nichts anders ich von im sagen kan. etc.

94. Bl. 105 b. Kunz Hass, Ein hüpscher spruch der
sagtt von ettlichenn stenden. *Vgl. Weller, annalen 2, 8,*
no. 27. s. 563. Anfang:

Nun hörtt mir zu ain aubenteür.

Die mir ist widerfaren heûr.
Do man den haber schneyden soltt.
Do gieng ich selber auß vnd woltt.
Mich richten noch dem altten wortt.
Schluss: Verkünd es weitter in die weltt.
Dz man nit vmb dz schnede geltt.
Dz vbel vngestraffett laß.
Also hatt vns gedicht Contz haß. etc.

95. Bl. 107. Prosa: Nun uolgtt hienach haimlichaitt
altter verborgner geschrifft, von der zersterung der
grossenn künigreich, vnd von grossenn schlachtten vnnd plutt
vergiessen, dz soll werenn biß auff . 1535 . Jare . etc. *Anf.:* Im
iar nach Cristi geburtt . 1500 . am 15. tag des monetts sept-
tembris, hatt gezaigtt der wirdig Vatter Doctor Johannes
Fridringer Official Curie castrensis die alt gefundne geschrifft
durch N. Namnerberger Vicarium mit gantz altten buchstabenn
geschribenn gesehen, vnd selbs bezeugt. Die gilg würdt am
öberstenn tail bewegett werden. *Schluss:* Auch wird gar ain
seliger Bapst, vnnd ain güettiger Kayser regnierenn.

96. Bl. 107b. Ain gar schöner spruch vonn Marie der
rainen Junckfrawenn. *Anfang:*

Kum hailiger gaist mich vnderricht.
Dz ich müg machen ain gedicht.
Zum newen iar der verden magt.
Schluss: Da wir dich schawenn ewigkleich.
Bey allen gottes engeln klar.
Nun sprechen Amen dz werd war. etc.

97. Bl. 109a. Hans Glaser von Urach, Ain spruch
von dem württembergischen krieg *u. s. w.* . 1525 .
*Gedruckt bei Liliencron 2, 516, no. 238. Vgl. Goedeke 1³,
s. 281. Anfang:*

Nun merckend hie ain news gedicht.
Deß bin ich gäntzlich vnderricht.
Schluss: So hab ich darumb kain trauren.
Spricht Hanns glaser von vrach on alles trauren.

98. Bl. 110. Ain gutt l i e d jm grienen don frawenn lobs. *Vgl. Bartsch, Heidelberger hss. s. 126 zu 214, 95b. Anfang:*

> Khünig Artus der wz reiche
> Kain edler künig ward nie erkandt.

Schluss: Wz bilfft mich aller maister kunst,
> Hett ich dar für göttlichen
> O mutter gotts hülff vns genad erwerben. etc.

99. Bl. 110b. Ain gaistlich lied, jm Muscatt plutt, von Maria der E n g l i s c h g r u ß, vnnd die geburt Cristi. *Gedruckt bei Groote, Muskatblut s. 41. Vgl. oben hs. 4, 14. Anfang:*

> Ein Junckfraw zartt,
> Gekrönett ward.

Schluss: Vnd nym mein krancken dienst vergutt,
> Spricht Muscatplutt,
> Gib dir den preyß,
> Du magett weys,
> Wan dir ist wolgelungen. etc.

100. Bl. 110b. H a n s S c h n e i d e r, Ain spruch v o n e r d p i d m e n grausamlich die seind geschehen z u V e n e d i g vnd anderswa. *Anfang:*

> Do man zaltt fünfzehen hundertt iar.
> Vnd ailffe mer sag ich für war.
> Das wz in wälschem land groß klag.

Schluss: So mag den armen werden ratt.
> Also H a n n s s c h n e i d e r gesprochen hatt. etc.

101. Bl. 111. Ain r e i t t e r l i e d. *Gedruckt bei Uhland s. 395, no. 157 A. Goedeke-Tittmann no. 109. Anfang:*

> Fuchs wild bin ich,
> Des sen ich mich.

Schluss: Wa es im giltt,
> Ich bin fuchßwild. etc.

102. Bl. 111. Ain gutt r a y e n l i e d. *Gedruckt bei Uhland s. 641, no. 243. Anfang:*

> Ist es nit ain frembde sach,
> Will ich nit wützig werden.

Schluss: Die rain die prechts gar pald darzu,
Dz ich wer schon genesen. etc.

103. *Bl. 111b.* Ain spruch von ainer bulschafft. etc.

Anfang:

Die liebe manchen man bezwingt.
Dz er durch liebe willenn singt.
Er dantzt, er sticht, er laufft vnd rentt,
Kain lebend hertz sein nott erkentt
Wz er durch liebe willen leidtt.

Schluss: Wann man in thett so pald geweren.
Darumb so warttend eur eren. etc.

104. *Bl. 112.* Ain spruch von Fraw Venus. *Anfang:*

Ains tags spaciertt ich in ain wald.
Dar in wist ich ain prunnen kaltt.
So gar ain ainer frembde statt.

Schluss: Die ain die sprach du solt ablassenn
Von deinem gar vnweysenn synn.
Darmit so schieden sy da hyn. etc.

105. *Bl. 112b.* Hans Schneider, Ain spruch von trew vnd vntrew. *Anfang:*

Die trew vnd vntrew vindt sich wol.
Wa man ain valsch hertz vinden soll.
Dz zaigt sich täglich nacht vnd tagk.
Gleich als ain spindel in aim sack.

Schluss: Der starb in yamer vnd in nott.
Also Hanns Schneider gesprochenn hatt. etc.

106. *Bl. 113.* Ain spruch vom pild zu Rom, welchs pild gemachtt hatt virgilius. *Anfang:*

Zu Rom da ward ain pild gemacht.
Darauff so nemend eben acht.
Vor dem gericht menschlichs geschlechtt.
Wz an im selber vngerecht.

Schluss: Rew beücht vnd buß kompt im laider zu spatt.
Darmit die red ain ende hatt. etc.

107. *Bl. 113b.* Hans Schneider, Ain spruch, der ist zu sprechen bey brautt vnd breüttigam. *Anfang:*

Herr gott ain vrsprung aller fliß.
Send mir genad dz ich mich wiß
Zu füegen auff gedichttes ban.
Schluss: So stätts nach gottes mayestatt.
Also hans schneider gesprochen hatt.

108. *Bl. 113b. Weingruss:* Ain waydspruch *(so!). Anf.:*
Gott grieß dich wein von Noes paw.
Kom mir zu hilff als ich dir traw.
Schluss: Da wüechß mir freud in gutter acht.
Alde hertzlieb mit gutter nachtt.

109. *Bl. 113b.* Ain gutter spruch von natürlicher
liebe. etc. *Anfang:*
Ain mals da kam ich in ain Irttenn.
Da fand ich weder mayd noch württin.
Die gest die hetten gutten mutt.
Man spiltt vnd tranck als man dann thutt.
Schluss: Dz stand also wie es dann stee.
Der teufl gang aufft bulschafft mee. etc.

110. *Bl. 114.* Ain spruch, der sagt von zierd vnd hof-
fartt der weiber. etc. *Anfang:*
Dweil mir dz wälsche land vnkundt.
Gedacht ich offt vnd manche stund.
Wann ich ersach ain köstlich weib.
In teuttschem land die iren leib.
Mit köstlich klaid gezierett hett.
Schluss: Dz bringtt die weltt in yamers nott.
Darmit die red ain ende hatt. etc.

111. *Bl. 115.* Ain hüpscher spruch von ainer bul-
schafft. *Anfang:*
Ainer nacht ich am bette lag.
Gar wenig schlaffens ich da pflag.
Wann mich die lieb so seer bezwang.
Dz mir die nacht wz viel zu lang.
Schluss: Noch nertt mich hoffnung im ellend.
Darmit hatt dise klag ain end. etc.

112. *Bl. 116b. Hans Schneider,* Ain spruch von
ainem throm. *Anfang:*

Synn vnd gedenck der liebe steür.
Schenckich den werden frawenn teür.
Die aller weltt haben gantz gwaltt.
Schluss: So wer gantz ab der sorgen stram.
Das sagtt Hanns Schneider vonn aim tram. etc.

113. *Bl. 117.* Ain lied, Es hülfft mich nit, wz ich dich bitt: *Anfang:*

Es hilfft mich nit,
Was ich dich bitt,
Das merck ich wol,
Darumb ich soll,
Dein müeßig gan.

Schluss: Vnd setz mein syn,
Auff bessern gwyn,
Ain andre heer,
Wann die ist hin. etc.

114. *Bl. 117.* *Hans Schneider, spruch vom ungehorsam der Venediger:* Ain spruch zu Römischen Reich vñ Kayser Maximilian, wider die Venediger. etc. *Gedruckt bei Liliencron 3, s. 34, no. 259. Vgl. unten no. 124. Anfang:*

Der newen meer vnd seltzmer gschray.
Seind yetz in landen mancherlay.
Schluss: So dicht ich nach der weysenn ratt.
Also Hans schneider gesprochen hatt.

115. *Bl. 117b.* *Hans Rosenblüt,* Ain spruch Vom Haßgeyr vnd von ainer bulerin mit ainem reichen pfaffenn. etc. *Vgl. hs. 46, 226. Fastnachtspiele s. 1183. 1332. Goedeke 1², 327, 12. Anfang:*

Ain Edelman der hett ain weib.
Auff hoffart zoch sy iren leib.
Schluss: Der schafft im selb ain besenn ratt.
Darmit die red also bestatt.

116. *Bl. 118.* Ain spruch von den schweitzern. *Gedruckt bei Liliencron 2, 428, no. 211. Anfang:*

Da gott die weltt beschaffenn hatt.
Yeklich creatur in irem statt.

Schluss: Der selb helff rechen dise thatt.
Darmit die red ain ende hatt. etc.

117. Bl. 118b. Lied: Ain lied jns Marners langen don.
etc. *Anfang:*

> Ain statt haissett Jerusalem,
> Dar ein ain künig raitt,
> Auff ainer eßlin die wz zem,
> Als vns die war geschrifft nun saitt.

Schluss: Mari helff vns erwerben son,
Der kayser gott gerochen hatt,
Dz füertt er wol der eren stab. etc.

118. Bl. 119. Ain gutter spruch von frawen lob. *Der-*
selbe wie oben no. 58. 81. Anfang:

> Was gott zu freuden ye erdacht.
> Dz hatt er würdigklich volbraoht.

Schluss: Darumb soll man der red geschweigen.
Der stätt der söltt man pillich näigen.
Daran ain fraw gewandeltt hett.
Darmit die red also bestett.

119. Bl. 119b. Ain spruch Sagtt wie in der Cristenhaitt
nit würdt gehaltenn grechtigkaitt. *Anfang:*

> Es ist nit lang dz ich da redt.
> Mit aim der vil gelesenn hett.
> Vnd gwesenn wz an mancher stett.
> In manchen landenn weitt vnd praitt.
> Der sagtt mir von der Cristenhaitt.

Schluss: Darmit will ich es lon beston.
Ich bitt euch zichttigklichenn schon.
Ir wöltt mirs nit verübel hon. etc.

120. Bl. 120. Ain lied wie die göttlich weißhaitt
vnd weltlich dorhaitt wider ainander streitten. Ins hanen-
kres (*lies* hanenkrats) don. *Vollständiger hs. 57, 36 (s. fast-*
nachtspiele s. 1447), danach gedruckt nachlese s. 310 ff; nach
einem mit unserer hs. stimmenden einzeldruck bei Wackernagel,
kirchenlied 2, 833, no. 1049. Anfang:

> Göttliche weyshaitt vnd welttliche dorhaitte,

Die hand so mänchen streitte.

Schluss: Als dann sagend die pfaffenn,
Dann dz sy müessenn klaffenn,
Ir narung haben daruon in der friet. etc.

121. Bl. 120b. Mattheis Hirtz, Ain lied vom schiessenn
zu Augspurg auff der Rosenaw im Jar .1509. Vnd ist ins
Jörig schillers hoffdonn. *Anfang:*

Nun merckend mich zu dieser frist,
Ich sing euch hie on argen list,
Vernement die fügeüre,
Vnd wz sich angefangen hatt,
Gantz vnd gar nach allem ratt,
Ain grosse aubentteüre.

Schluss: Gott well dz yederman darin thue glingen,
Thutt Matheis Hirtz vns singenn,
Zu dienst dz newe lied,
Dz vns gott well behiett. etc.

122. Bl. 121. Diß ist ain maisterlicher ratt, Der
hernach geschriben statt. Im langen regenbogenn gatt.
Vgl. Goedeke, grundriss 1², 255, no. 2, 5.

Mein synn die rietten mir gar schiere,
Ich söltt spacieren gan für ainen grienen wald,
Ich mich vergieng dz ich enttschlieff,
Bey ainem baum, da traumptt mir wilde wunnder.

Schluss: Ich lob die hohe würdigkaitt,
Dz mir gott hatt seyn hülff so offt gesandt,
Mein kunst die ist zu lobenn vil,
Darmit ich manchen singer hab geschändt. etc.

123. Bl. 121b. Jörg Schiller, Ain lied von fünff
frawen. Ins Jörg schillers donn. *Vgl. Weller, annalen 2,
431, no. 554. Goedeke 1², 314, no. 34. Anfang:*

Ich kam ains mals on all geuar,
Do ward ich fünf frawen gewar.

Schluss: Es zimptt nit fromen weibenn
Zu sagen sölche meer,
Also singt Jörg schiller.

124. Bl. 122. Hans Schneider, Ain spruch von

d e r v n g e h o r s a m e d e r V e n e d i g e r. *Derselbe spruch
wie oben no. 114. Anfang:*

> Newer mer vnd seltzmer geschray.
> Seind yetz in landen mancherlay.

Schluss: Vnds puluer dz dir ist angangen.

Item dz ich den spruch so ferr geschriben, vnd doch nit
gcendett hab, ist vrsach dz ich in vornen am ersten platt des
quatterns, oder sexterns geschribenn vnd da v̄bersehenn hab,
so laß ich es also pleibenn. etc. (*Die stelle bezicht sich auf
die erste vollständige abschrift des spruches auf bl. 117, nicht
wie Ph. Wackernagel, bibliographie zur geschichte des deutschen
kirchenliedes, s. 83, annimmt, auf eine verloren gegangene quart-
handschrift Valentin Holls. Vgl. auch unten zu no. 151*).

125. *Bl. 122b.* Ain lied von R ö m i s c h e r Kayserlicher
m a y e s t a t t R o m z u g volgtt hernach. *Gedruckt bei Uhland
s. 467, no. 176. Liliencron 3, s. 16, no. 254. Anfang:*

> Der Römisch künig ist wol erkandt,
> Im dienen manche weitte land.

Schluss: Laß in mit kayserlicher kron,
> Widrumb in teutsche land komen. etc.

126. *Bl. 122b.* Ain lied v o n k l u g e r h a i m l i c h k a i t t.
Im spiegel donn *des F r i t z K e t n e r, vgl. Goedeke, grundriss
1², 316, no. 51. Bartsch, Heidelberger hss. s. 123 zu 214,
41a. Anfang:*

> Ich waiß ain wunderliches thüer,
> Das alle weitte land durch füer,
> So möcht man gar wol sein geleich nit finden.

Schluss: Es hatt der adern manigualtt,
> Vnd laffett auch in kainem wald,
> Die man die tragenns zwischenn irn bainenn. etc.

127. *Bl. 123. Hans Umperlin,* Ain lied v o n d e m
v o n w ü r t t e m b e r g. In des Schüttensaumen Donn. *Gedruckt
bei Uhland s. 482, no. 180. Liliencron 3, s. 193, no. 299. Anfang:*

> Ir jungenn vnd ir allten,

Nun merckend ain new gedicht.

Schluss: Der vn» dz liedlin newes singtt,
Der nenntt sich H a n » V m p e r l i n,
Er hatt zwelff lebendige kind,
Vnd seind die sibne klain,
Darzu hatt er gar wenig korn,
Dz liedlin will ich schenckenn,
Meinem fürsten hochgeboren. etc.

128. Bl. 123b. Ain lied v o n d e r K i n d e r z u c h t t, jn
hertzog Ernsts melodia. *Gedruckt bei Zarncke, Narrenschiff*
s. cxix. Anfang:

Ain funck hatt sich in mir entzindt,
Wie oft ich lesch er dannochtt prindt.

Schluss: Darumb so lerend eure künd,
Als ich euch hie gelerett hab. etc.

129. Bl. 123b: Ain ander l i e d. *Anfang:*

Feins lieb möchtt ich bey dir gesein,
Nit mer wölt ich begeren,
Das brechtt groß freud dem hertze mein,
Wann du mich dz wölltest geweren.

Schluss: All stund vnd tag,
Dz ist mein klag,
Ade schöns lieb mit tausent gutter nacht. etc.

130. Bl. 124.: Ain ander l i e d. Ich will vnd muß mich
schaidenn. *Anfang:*

Ich will vnd muß mich schaiden,
Kan vnd mag anderst nit gesein,
Ich trag vil haimlichs leiden,
Wol in dem hertzen mein.

Schluss: Dz hatt gethan ain gutt gesell
Zu Augspurg in der statt,
Er hatt es gar wol gesungen,
Auß frischem freyen mutt,
Er ist wol jnnen worden,
Ja worden,
Wie schaiden von der liebenn thutt.

131. Bl. 124. Lied v o m N i e m a n d ohne überschrift. Anfang:

Hörtt zu, hortt zu, vnd seoht nit zu,
Hie komptt ain verachtte Creatur,
Die vil schaden hatt gethan.
Schluss: Niemantz hatt es alles gethan,
Lassend red für oren gan,
Vnd habtt vergutt, vnd achtten nit
Wz der niemantz thutt.

132. Bl. 124. Der Schenkenbach, Ain annders lied.
*Gedruckt bei Uhland s. 365, no. 141, A. Böhme, altdeutsches
liederbuch s. 532, no. 426. Anfang:*

Von erst so well wir loben,
Mariam die raine mayd.
Schluss: Pringtt in groß vngemach,
Singtt vns der Schenckenbach.

133. Bl. 124b. Ain ander lied. *Anfang:*

Ellend zwingt mich in meinem mutt,
Dz yetz der weltt anhangen thutt,
Klag ich hie gott mit wortten.
Schluss: Gutt ratt vnd hülff er in geitte,
Maria vernym das dichtt,
Gegenn deinem kind vns richtt.

134. Bl. 124b. Ain Junckfrawlob jn des schillers don.
Vgl. Weller, annalen 1, 147, no. 254. 2, 536. Anfang:

Mein hertz souil der freuden hatt,
Wann ich gedenck der Creaturen,
Sy bayde zsamen pildett,
Dz sey gelobtt der schöpffer weys.
Schluss: Dz lied thun ich euch schencken,
Auß rechtter synn vnd tracht,
Gott geb euch vil gutter nachtt.

*135. Bl. 125. Lied vom binder, ohne überschrift.
Die ersten vier strophen gedruckt bei Haupt, Gottfried von Neifen
s. 60. Das ganze nach Schade, handwerkslieder s. 192 wider-
holt von Böhme, altdeutsches liederb. s. 594, no. 478. Anfang:*

Es fur ain armer binder,
Wann er fur vber land,

Er hett gerenn gebunden
Da er zu binden fand.

Schluss: Der vns dz liedlin neue gesang,
Von newen gesungen hatt,
Dz hatt gethan ain binder,
Der singt es offenbar
Gott geb im ain fein gutt Jar. etc.

136. Bl. 125b. Ain lied jm don. Es warb ain knab nach
ritterlichen dingen. *Gedruckt bei Wackernagel, kirchenlied 2,
543, no. 719. Anfang:*

Was freud ist hie in disem jamertale,
Groß ängstlich wee vnd bitterkaitt habenn wir von Adams vale.

Schluss: Rieff an Mariam die junckfraw fein,
Dz sy vns behütett vor der helle pein,
Erwerb gnad vmb ir kinde. etc.

137. Bl. 125b. Ain andrer gassennhaw. *Anfang:*

Sich sendt mein hertz,
Mit schmertz,
Nach dir du wunder schöne frucht.

Schluss: In zichtten vnd weys,
Gib ich dir breys,
Das laß dir lieb genallen. etc.

138. Bl. 126. Ain lied, jm don, jch stond an ainem
morgenn. *Gedruckt bei Liliencron 3, s. 184, no. 296. Anfang:*

Der künig von franckereiche,
Der ist gezogen auß.

Schluss: In dem monett ist es geschehenn,
Vor sant Michaele. etc.

*139. Bl. 126. Hans Gern von Ems, lied von der Böhmer
schlacht:* Ain ander lied etc. *Gedruckt bei Liliencron 2, 538,
no. 241. Böhme, altdeutsches liederb. s. 472, no. 382. Anfang:*

Es komptt noch wol ain gutte zeitt,
Das man in frembden landen leütt.

Schluss: Der vns dz liedlin news gesang,
Hans gern von Emß ist er genantt,
Er hat es gar offt gesungen,

Dz Bayerland zug er auff vnd ab,
Kain geltt kund er bekomen. etc.

140. Bl. 126b. Ain lied v o n d e n s c h w e ű t z e r e n n. etc.
*Gedruckt bei Uhland s. 474, no. 178. Liliencron 3, s. 171,
no. 292. Anfang:*

    Merokt wie die Schweitzer knabenn,
    Die feder hansen klug.

Schluss: Vnd thett die pauren zertrennen,
    Es war wol an der zeitt.

141. Bl. 127. Ain hűpsch lied, Vom Römischen Kayser
vnd fratzosen. Im don. Ich stond an ainem morgenn.
Gedruckt bei Liliencron 3, s. 87, no. 273. Anfang:

    Ich stond an ainem morgen,
    Haimlich an ainem ortt,
    So gar in großenn sorgenn,
    Ich hörtt clägliche wortt.

Schluss: Dz ist der kayser vnd dz Römisch reich,
    Der Lew dz ist Venedig gutt,
    Der von Hispania thutt euch dz schenckenn,
    Habend also vergutt.

142. Bl. 127b. L i e d ohne überschrift. Anfang:

    Houieren dz pringet grosse freud,
    Ja wann mans treiptt zu seiner zeitt,
    Ain yeden ließ on auß gericht.

Schluss: Er sey ain schütz,
    Sein vogelboltz vornen an der spütz,
    Kain hertten schutz er leiden kan,
    Mit schanden muß er daruonn stann.

143. Bl. 127b. L i e d ohne überschrift. Anfang:

    Ich bin schabab,
    Ich junger knab,
    Mein trew ist gar verloren,
    Ich bin es nit allain,
    Dz ich do main,
    Sy hatt manchen gesellen betrogen.

Schluss: So will ich hie beleibenn ston,
    On argen won,

Mittleidenn hon,
Mein roß ist müed, es will nit mer gonn.

144. Bl. 127b. Ain lied vom Bayrischen Krieg jn hertzog Ernnsts Melodia. *Anfang:*

> Nun merckt ir herren all geleich
> Wie stätt es yetz so iamerleich,
> Dz ist manch man verdorbenn,
> Ain edler fürst im bayerland,
> Hertzog Jörg wz er genantt,
> Der selb ist nun gestorbenn.

Schluss: Gott wend vns fürbas vnßer schwer,
> Der vns das lied hatt new gedicht,
> Sein seckel steett im leer.

145. Bl. 128b. Ain ander lied, Ich sach den liechtten morgen. *Gedruckt bei Uhland s. 161, no. 76 A. Böhme, altdeutsches liederb. s. 207, no. 110. Anfang:*

> Ich sach den lichten morgen,
> Darzu sein werden schein.

Schluss: Dz hatt gethon ain helde,
> Schone fraw mit tausent gutter nacht. etc.

146. Bl. 128b. Lied. Nun volgtt aber ain ander lied hernach: Frölichen well wir singen, frölichen. *Vgl. Mones anzeiger 8, 359, no. 12. Anfang:*

> Frölichen well wir singen
> Frölichen auß freyem mutt,
> Ich hoff mir söll gelingen,
> Ich waiß mir ain edele plnt.

Schluss: Er hatt es gar wol gesungen,
> Im ist auch wol gelungenn,
> Gott geb im ain fein gutt jar. etc.

147. Bl. 128b. Ain geschicht von vier vͤbelthättern, wz sy getriben haben, vnd sy gericht seind worden, als vns die nachuolgend geschrifft nun hie anzaigenn thutt. etc. *Anfang:*

> Ir Cristenn menschen nemptt zu hertzen
> Den grossen jamer vnd auch schmertzen.

Schluss: Dein martter nit verloren werde.

Dz bitt ich djch durch deinen namen.
Wer dz begeer sprech mit mir Amen. etc.

148. Bl. 129. Ain l i e d jm don Von erst so well wir
lobenn. *Gedruckt bei Uhland s. 373, no. 143. Anfang:*

Wer hatt ye gesehen,
Sölch gewaltt vnd sträfflich thatt.

Schluss: Von dem gemain paurß man,
Es facht yetz dar zu an. 1525.

149. Bl. 129. P r o s a: Item als man zaltt .1478. jar an
dem Sampstag vor Jubilate, do ward der schwartz mit seinem
anhang gefangen, durch geschefft des kayser Friederichs, vnd
ains gantzenn ratts vnd gemain zu Augspurg *u. s. w.*

150. Bl. 129b. Ain lied V o n v a l s c h e n z u n g e n, nach-
red vnd eerabschneiden, gedichtt durch C r i s t o f f e n B i h l e r
von Augspurg Hoffprocurator zu München.   Vnnd ist in des
Jörigenn schillers don zu singenn. *Anfang:*

Vrsach hab ich zu singen pald,
Wie nachred yetz so manigualtt,
Will ye gewonhaitt werden.

Schluss: Wann es nur ist gelogenn,
Kain frumer der glaubt im nit,
Darmit bin ich zu frid. etc.

151. Bl. 130. Das l i e d so yetzund hernach uolgtt, dz ist
zu Singen jns Jörig schillers donn. *Anfang:*

Ein fraw vnd junckfraw kam zu mir,
Erzeltten mir alle stend gar schier,
Wie es stiend in der weltte.

Schluss: Sein maul dz thutt im stincken,
Gee kauff deiner frawen wein,
Nym du den knebel ist dein.

Item diß lied ist übersehen, angefangen, so laß ichs nur
hie pleiben, man vindt es eingeleimpt in den getrucktenn
gattungen. *Vgl. zu no. 124.*

*152. Bl. 130. L i e d. Gedruckt bei Wackernagel, kirchenlied
2, 1046. Anfang:*

Auß vorcht vnd tödtlichem schmertzen,
Hatt mich vmbgeben grosses laid.

Schluss: Laß mich deins tods geniessenn,
Vnd auch deins plutts vergiessenn,
Hülff mir auß diser nott. etc.

153. *Bl. 130.* Diß nachuolgend li e d ist in deß welttlichen roßenkrantz don. Als ist verstee, so kost er mee, Dann bey den dritthalb pfunden. Fürsich dich auff. *Gedruckt bei Wackernagel, kirchenlied 2, 864. Vgl. Uhland 2, 1026. Anfang:*

Fürsich dich auff den jungstenn tag,
Wann gott will vrtail geben.

Schluss: Herr Jhesu Crist,
Verleich vns frist,
Laß vns auff erd hie büessenn. etc.

154. *Bl. 130b. Li e d. Gedruckt im Ambraser liederbuch s. 40, no. 45. Anfang:*

Nun hab ich all mein tag gehörtt,
Wie schaiden sey ain schwere pein.

Schluss: Vnd widerumb, hett freud vnd laid
Ich armer knab. etc.
Anno domini Jhesu Cristi . 1525.

155. *Bl. 130b.* Ain ander li e d. *Anfang:*

Ains morges fru,
Thett ich mich zu,
Zu ainer hanßmagtt schone.

Schluss: Ich sprach ade,
Wir wellenn morges mee,
Sy schmotzt vnd sprach ia freylich. etc.

156. *Bl. 130b.* Ain li e d im don, Wintter du solt vrlob han, Der Summer komptt mit freudenn. etc. *Von Otmar Rot. Gedruckt bei Wackernagel, kirchenlied 3, 719, no. 830. Anfang:*

Mensch wiltu nymmer traurig sein,
So vleiß dich stett recht zu leben.

Schluss: Durch ir fürbütt,
Wölst dich vber vns erbarmen . 1525.

157. Bl. 131. Ain lied. Im don. Von erst so well wir loben. *Gedruckt bei Uhland 2, 810, no. 307. Anfang:*

> Wer vil wunder will schawen,
> Soll gen sant Wolffgang gon.

Schluss: Vnd wer den seinen trawenn,
> Setzt gäntzlichenn in dich,
> Sant Wolffgang bitt gott für mich.

158. Bl. 131. Lied. Vgl. Wackernagel, kirchenlied 2, 929, no. 1156. Goedeke, grundriss 2, 85, 1. Böhme, altd. liederb. s. 209. Anfang:

> Auß herttem wee klagt menschlichs geschlechtt,
> Es stond in grossen sorgen,
> Wann komptt der vnß erlösenn möcht.

Schluss: Well vns behüetten vor helle pein,
> Irs kindes huld erwerbenn,
> Vns nit lassenn verderbenn.

159. Bl. 131. Lied. Ain ander lied, jns schillers don. *Vgl. Weller, annalen 2, 431, no. 555. Goedeke, grundriss 1², 314, no. 34, 5. Anfang:*

> Muß ich euch aber klagen mein nott,
> Vnd wie es mir gieng nächtten spatt,
> In aines württes hauße.

Schluss: Er kumptt in vngeuell,
> Sunst ist er allzeitt ain gsell.

160. Bl. 131b. Ain lied Von schweitzern. Im don. Von erst so well wir lo. *Gedruckt bei Liliencron 3, 176, no. 294. Anfang:*

> Wie nun ir schweitzer knabenn,
> Ir heine also kien.

Schluss: Wie andre land an dem Rein
> Aim herren ghorsam sein.

161. Bl. 132. Lied von der schlacht vor Navarra. Gedruckt bei Liliencron 3, 92, no. 275. Anfang:

> Wol heer ir lieben gesellenn,
> Ich sing euch newe meer.

Schluss: Dar durch nit werd verrerett,
Also das Cristen plutt.

Item diß final ist geendett am .28. tag des Mayenn, von mir Valentino Holl, welcher tag was geuallenn auff den Suntag genant Exaudi, Anno dominj nostrj Jhesu Christj. Im . 1525 . jare. *Der schluss von bl. 133a und bl. 133b unbeschrieben. Bl. 134 ist herausgerissen.*

162. Bl. 135—152b. Gebete, beichten und anderes theologischen inhalts, zusammen 47 nummern, welche das inhaltsverzeichnis aufzählt. Schluss: Anno dominj . 1525 . die . 11 . Octobris.

163. Bl. 153. Sprüche, darunter einige lateinische. Vgl. zu hs. 3, no. 36. Anfang:

> Biß warhafftig vnd verschwigen.
> Ws dein nit sey ds laß ligen.
> Weer ich wützig vnd thett im gleich,
> Es hulff mich nit, ich wer dann reich (= *Zarnckes Cato s. 119*).
> Wer mer will verzeren.
> Dann sein pflug mag neren.
> So ist es kain wunder.
> Treibtt er ploessenn plunder.

Ein spruch über Sickingen gedruckt bei Uhland 2, 955, no. 181, 2.

164. Bl. 153. Lied. Anfang:

> Ain knab zu ainer diernen saß.
> Ainer frag er nit vergaß.
> Er sprach sag an frewelein.
> So lieb vnd dir dein tugent sein.
> Wie soll ain man der liebe pflegen.

Schluss: Zu hand soll er begynnen.
> Die freud die im freudenn geitt.
> So würdt dann ein gemelicher streitt.

165. Bl. 153. Ain ander spruch volgt hernach. *Anfang:*

> · Hab gott lieb vor allen dingen.
> So kan dir nit misselingen.
> Hab eer für ain weysen list.
> Verschweig ws da haimlichs ist.

Schluss: Wer gutt well habenn vnd ere.
Der thue nach diser lere.

166. *Bl. 153b. Spruch.* Anfang:

Mein vatter hieß Irregang
Der gab mir zway vnd sibentzig land.
Ob ich in dem ain verdurb.
Dz ich in dem andern nymmer zu eren wurd.

Schluss: Mancher spricht es sey alles war.
Vnd ist doch selbs nie komen dar. etc.

167. *Bl. 154.* Ain andrer spruch. *Anfang:*

Wer in zehen iaren nit württ kranck.
Vnd in zwaintzig iaren nit würdt langk.
In dreissig iaren nit württ starck.

Schluss: Gott well dz wirs mit eren erlangen.
Vnd darnach ewig freud empfangen. etc.

168. *Bl. 154. Spruch.* Hienach uolgen die grossenn
krieg vnd streitt, So in aller weltt kurtzuerschinen. Vnd
in Cristenn, Haidem Türcken landen, biß auff den nächstuer-
gangnen handel zwischenn dem hochgeboren fürstenn vnd herren,
Marggrauen Casamirus von Brandenburg. Vnd der loblichen
vnd Kayserlichen Statt Nürmberg. Vnd sunst ander seltzme
historien. Von dem newen Prophetten Elia, der dann yetz
regniertt. *Gedruckt bei E. Weller, dichtungen des 16. jahr-*
hunderts s. 14. Vgl. Weller, annalen 1, 13, no. 58. Repert.
typogr. no. 903. Anfang:

Wann ich bedenck vnd besynn.
Der welt wesen vnd begynn.

Schluss: Das wend vns gott in seinem tron.
Darmit laß wir die red bestan. etc.

169. *Bl. 155. Lied.* Ain lied, jm don deß muscatplus
zu singen. *Anfang:*

Ains morgens fru,
Da füel mir zu,
Groß rew vnd klag,
Wie ich mein tag,

So vnnutz thett verzeren.

Schluss: Hoffnung und trost
Ist worden klain,
Behaltt dz dein,
Vnd gibs nit deinen kindenn.

170. *Bl. 155b. L i e d. Anfang:*

Tag vnde nach leid ich groß nott,
Ellend hat mich vmbgeben,
Vil weger wer mir schier der tod,
Dann stetz in yamer lebenn.

Schluss: Yetz schweig ich styll,
Fürhin ich will,
Der hoffnung mich erneren. etc.

171. *Bl. 155b.* Ain ander l i e d. In dem don. *Anfang:*

Gut gsell du klagest mir dein nott,
Ellend hab dich vmbgeben,
Dz mir wenig zu hertzen gatt,
Dz macht dein willdes leben.

Schluss: Vermeyd die nacht,
Die manchem zwacht,
Mit ainer kamerlaugen. etc.

172. *Bl. 155b.* Aber ain anders l i e d in disem don. *Gedruckt im Ambraser liederbuch s. 8, no. 10; vgl. Mones anzeiger 8, 364, no. 68. Anfang:*

So wünsch ich ir ain gutte nacht
Zu hundertt tausent stunden,
So ich ir lieb erst recht betracht,
Ist mir mein laid verschunden.

Schluss: Darumb hoff ich, sy werd doch mich,
In ir hertzlieb versenckenn. etc.

173. *Bl. 155b.* Fünff gar gutte M a i s t e r l i e d e r, oder gesang, jm löblichen donn Maria zartt. etc. *Gedruckt bei Wackernagel, kirchenlied 2, 821, no. 1044. Vgl. Weller, repert. typogr. no. 262. Anfang:*

Maria zartt,
Dein edle artt,

Jhesum geboren hatte.

Schluss: On sünden grob,
　　　　Dz sey zu lob,
　　　　Dir Maria gesungen.

174. Bl. 156. Meisterlied. Von Jörg Breining.
Gedruckt bei Wackernagel, kirchenlied 2, 825, no. 1046. Vgl.
Weller, annalen 2, 150, no. 26; 2. 204, no. 427, 2. Repert. typogr.
no. 262. Anfang:

　　　　Jhesus ain wortt,
　　　　Der höchste hortt,
　　　　In ewigkaitt besunnen.

Schluss: Herr gott hilff nun,
　　　　Dz diß alts werd geschehen. etc.

175. Bl. 156b. Desgl. Dz dritt lied im don, Maria zartt
dz volgtt nun hernach. *Gedruckt bei Wackernagel, kirchenlied*
2, 823, no. 1045. Vgl. Hoffmann, geschichte des kirchenliedes ²
s. 458. Weller, annalen 2, 150, no. 25. 26. S. 204, no. 427, 1.
Repert. typogr. no. 262. 3473. Anfang:

　　　　Gott ewig ist,
　　　　On endes frist,
　　　　Sein wesen vnzerrissenn.

Schluss: Gott durch dein tod,
　　　　Hülff vnnß auß nott,
　　　　Dz wir all gnad erwerben. etc.

176. Bl. 157. Meisterlied. Von Jörg Breining.
Nun volgt dz vierd hernach. *Gedruckt bei Wackernagel,*
kirchenlied 2, 827, no. 1047. Vgl. Weller, annalen 2, 150, no.
26. 3. S. 204, no. 427, 3. Repert. typogr. no. 262. Anfang:

　　　　Cristus der herr,
　　　　Verleich mir leer,
　　　　Dz ich mit weysenn synnen.

Schluss: Maria zartt,
　　　　Dörtt in dem höchstenn throne. etc.

177. Bl. 157b. Das fünfft lied jm ton Maria zartt, volgt
nun hernach. *Gedruckt bei Wackernagel, kirchenlied 2, 817,*

no. 1043. Vgl. Weller, repert. typogr. no. 262. Anfang:

> Maria zartt,
> Dein edle artt,
> Mag niemantz gar außsprechen.

Schluss: Gib vns gelaitt,
> Biß in das ewig lebenn. etc.

178. Bl. 158 b. Ain ander vast gutt l i e d jn disem thon. *Die erste strophe nach einer Klosterneuburger hs. gedruckt in Mones anzeiger 8, 349. Anfang:*

> Mensch mit mir klag,
> Den gantzen tag.

Schluss: O Vatter dir,
> Bevilch ich schier,
> Mein gaist wol in dein hende.

179. Bl. 159. L i e d. Ain ander gutt altt l i e d. *Gedruckt bei Uhland s. 872, no. 337. Hoffmann, geschichte des kirchenliedes* [2] *s. 393. Wackernagel, kirchenlied 2, 689. Böhme, altdeutsches liederbuch s. 708, no. 599. Vgl. Weller, repert. typogr. no. 51. Anfang:*

> Es flog ain klains waldtnögelein
> Auß himels trone.

Schluss: Dz wir nit ewig sterbenn,
> Vnnd bey dir in dem himel sein. etc.

180. Bl. 159 b. Ain ander gutt l i e d. *Gedruckt bei Wackernagel, kirchenlied 3, 498, no. 549. Vgl. Bartsch, beitr. z. quellenkunde s. 364. Anfang:*

> Ach gott wem soll ichs klagen,
> Mir ligt groß kumer an,

Schluss: Dz wellest du vns geben,
> Groß lob sey dir gesaitt. etc.

181. Bl. 159 b. Ain freyer g a s s e n h a w. *Gedruckt bei Uhland s. 685, no. 262. Anfang:*

> Frisch auff mit tausend freuden,
> Wers mit der feder kan.

Schluss: Dz liedlin ist gesungen,

Von ainem studentten fein,
Es hatt im wol gelungen,
Paur ratt wer mag er sein.

182. Bl. 159b. Tagelied. Anfang:

Wol auff wol auff mit heller stymm,
Ratt vnß der wächter kyene,
Vnd welcher bey seinem bulen leütt,
Der mach sich pald von dannen.

Schluss: O wächter gutt,
Auß freyem mutt,
Wend mir hie mein senttlichs laide,
Ja laide.

183. Bl. 160. Ain andrer hüpscher gassenhaw. Anfang:

Ich bin von deinent wegen hie,
Hertz lieb vernym mein wortt,
All mein hoffnung setz ich zu dir,
Zu dir trag ich kain haß.

Schluss: Dein kan ich nit vergessenn,
Wa ich im lannd vmb far.

184. Bl. 160. Ain anderer hupscher gassenhaw. Anfang:

Da ich wol wond,
Do wz mir wol,
Bey ainer valschenn frawen.

Schluss: Mit mallmasyer will sy geschmyrbett sein,
Dz muß ich armer schabab sein,
Ich far do hin mit layde.

*185. Bl. 160. Lied vom kindbetthof. Ueberschrift
am rand:* Ain lied wie siben weiber redten auf ainem kündt-
betthoff, vnnd ist in dem don, Wer essenn well mach sich zum
tüsch, der selb soll einheer gan.

Auff ainer kindtauff es geschach,
Wöltt ir mir hören zu,
Ain altz weib zu ainer jungen sprach,
Wz ich dir ratt dz thu.

Schluss: Alde ich will daruon,
Gfatter da ligtt mein geltt schon.

186. Bl. 160b. Lied. Anfang:

Ains mals gieng ich spacieren auß,
Der hertzelieben honieren,
Do kam ich für ains württes hawß,
An ainem aubend schiere.

Schluss: Er woll ir dann kain gutt nit thon,
Dz ob gott will erfunden würdt nit mer. etc.

187. Bl. 160b. **Prosa:** Nun volgt hie hernach die ver-
gicht, vnd bekandtnuß, deß getaufften juden, genantt Joh annes
pfefferkorn, den man zu Hall in Sachssen vor sant Moritzen
burgk, mit glüeenden zangen zerrissenn, vnd darnach auff dem
juden kürchoff gepratten vnnd verprenntt hatt. *Anfang:* Nun
zum ersten hatt er bekandt er sey ain priester gewesen. *Schluss:*
Vnd ain schöttischer pfaff hatt in getaufft. *Vgl. Goedeke, grund-
riss 1 ², 451.*

188. Ain hüpscher gassenha. *Vgl. Goedeke, grundriss
2 ², 27, no. 3. 31, no. 12. Mones anzeiger 8, 367, no. 93.
Bartsch, Heidelberger hss. s. 98 zu 171, 104b. Anfang:*

Hertz ainigs lieb,
Biß nit betriept.

Schluss: Fraintlich ich dich
Schier alts deins layds ergötz. etc.

*189. Bl. 161. Kalender, dreispaltig, mit gedächtnis-
reimen. Anfang:*

Jenner hatt .31. tag.
Beschnitten ward das kind.
Drey künig sant erhartts gesünd.

Vgl. Pickel, Konrad v. Dangkrotzheim s. 59 ff., und hs. 42,47b.
190. Bl. 162. Desgleichen, 2spaltig. Anfang:

Jenner hatt .31. tag.
1. A. Jhesus beschnitten ward der rain
2. b. Da er wz ain kindlin klain.
3. c. Im ward geben der namen sein
4. d. Jhesus nannt man dz kindelein.

Schluss: 31. A. Siluester hab vns auch in hutt.

191. Bl. 163b. Diß lied ist gemachett worden vom

D o c t o r z u n p r e d i g e r n n hie zu Augspurg. *Anfang:*

> Ain grosser dicker knttenmann,
> Der seltzme aubenteür hebtt an,
> Daruon well wir euch singen,
> Wie er doch ist so vnuerschämptt,
> Er greifft den altten weib ins amptt.

Schluss: Da haltt dich zu du kloster knab,
> Du bist der kunst geschickt,
> Villeicht trifft dich ain glick.

Anno dominj . 1525 . septimo die Nouembris. A me Valentino Holl.

> Wer dz lied mit andacht singtt
> Vnd ain glaß mit wein außtrinckt
> Der hatt hundertt tag ablaß seiner sünd.

Daneben:

> Fraind in der nott
> Gond 24. an ain lott.

192. Bl. 164. Ain hailsams l i e d , Vnd ist jn dem don, freud über freud. *Gedruckt bei Wackernagel, kirchenlied 3, 493, no. 544. Anfang:* .

> O hailige driualtigkaitt,
> Dir sey lob eer vnd danck gesaitt.

Schluss: Gar schön vnd klar,
> Nu sprechenn Amen das werd war.

193. Bl. 164b. Ch r ist o p h s l i e d . Gedruckt bei Uhland s. 809, no. 306. Hoffmann, geschichte des kirchenliedes [2] *s. 473. Wackernagel, kirchenlied 2, 1003, no. 1239. Anfang:*

> Sant Cristoff du vil hailiger man,
> Dein lob steett hoch zu preysen.

Schluss: Hilff hie vnd dortt,
> Vmb deiner martter ere.

194. Bl. 164b. Ain lied v o n d e m S t a u f f e r. *Am rand:* Dz lied ist ins Bentzenawers don. *Gedruckt bei Liliencron 3, 206, no. 304. Anfang:*

> Ir herren hörtt geleiche,

Ich sing ewch ein new gedicht.

Schluss: Es wirdt noch manichem sauer,
Der yetz gewalttig sey. etc.

195. Bl. 165. Ain lied das sagtt, von hohenn Kreen,
Vnd ist jm schweitzer don zu singenn. *Gedruckt bei Liliencron*
3, 75, no. 269. Anfang:

Im heegäw ligtt ain hohes schloß,
Darauff treibtt man die planckarey so groß.

Schluss: Dz ir da niemantz vnrecht thund,
Das wir nit wider komenn.

196. Bl. 165. Ain lied, jm don, Ich trew kainem altten
stechzeug mer, zu singen. *Anfang:*

Meim leib vertrawen ich nit mer,
Dann sein begeer ist wider mich,
Er hatt mein sel gar offt geyertt,
Välschlich verfüertt.

Schluss: Vnd sünd nit mer,
Volg diser leer,
Biß steett das pringt dir ewig eer. etc.

197. Bl. 165b. Jörg Graf, Ain gaistlich lied, jm
don, Es hett ain medlin ain schůch. *Vgl.˚Hoffmann, geschichte*
des kirchenliedes [2] *s. 385. Auch im Klosterneuburger gesangbuch,*
Mones anzeiger 8, 351. Goedeke, grundriss 2², 256, no. 23, m.
Gedruckt bei Wackernagel, kirchenlied 3, 371, no. 447. Anfang:

Gottes huld ich verloren han,
Wie soll ichs wider finden.

Schluss: Ist not, ist nott,
Jörg graff gesungen hatt. etc.

198. Bl. 165b. Ain lied dz sagt von santt Anna, vnd
ist im don, als dz lied Maria zart. *Gedruckt bei Hoffmann,*
geschichte des kirchenliedes [2] *s. 473. Wackernagel, kirchenlied 2,*
1019, no. 1258. Anfang:

Sant Anna preyß,
Merck hie mit vleyß.

Schluss: Schmuck mich zu dir,
So würdt vertust mein leyden. etc.

199. Bl. 166. Ain ander wolgeziertt lied zu M a r i a m. *Gedruckt bei Uhland s. 838, no. 318. Hoffmann, geschichte des kirchenliedes ² s. 221. Wackernagel, kirchenlied 2, 1015, no. 1254. Anfang:*

> O Maria du bist von aim edlen stammen,
> Du bist geboren von der edlen frawen sant Anna.

Schluss: Wann ich von hynnen schayden soll,
So behüett mich vor der pitlernn helle pein.

200. Bl. 166. L i e d v o n d e s m e t z g e r s t ö c h t e r l e i n. Gedruckt bei Uhland s. 706, no. 271. Anfang:

> Es hett ain metzger ain töchterlein,
> Vor ainem dürren holtze.

Schluss: Da hatt gethan ains metzgers sun,
Ain anndrer hatt in verdrungen.

201. Bl. 166. L i e d. Vgl. Mones anzeiger 8, 359, no. 11. Anfang:

> Ains mals ritt ich des wintters kaltt,
> Durch meines pulen willen,
> Ich ritt so offt vnd manigualt,
> Biß dz ich kam von hynnen.

Schluss: Du beuttst dich selbert fayle,
Far hin ich dich nit schenden will,
Far hin on alles layde. etc.

202. Bl. 166b. Ain andrer g a s s e n h a w. *Gedruckt bei Uhland 2, 666, no. 254 A. Böhme, altdeutsches liederb. s. 143, no. 58 a. Vgl. Goedeke, grundriss 2², 31, no. 12. 32, no. 13. Anfang:*

> Ain medlin an aim laden stond,
> Es schray über lautt.

Schluss: Das hatt gethan ain Saltzburger,
Gott geb im ain fein gutt jar,
O wee liebes medlin nymm in beym bar.

203. Bl. 166b. Ain lied das sagtt von A d a m s h a u p t t, Vnd ist in dem grawenn don zu singen. *Anfang:*

> In reicher kunst hörtt wunder groß,
> Warum man male sey,

Vnder daz frone Creuta ain hauptt,
Ich waiß den rechten grund.

Schluss: Warumb fluchtt er im in haß,
Das er vnnß prachtt den ewigklichenn val. etc.

204. Bl. 166b. Ain lied von der Narrenkappen.
*Gedruckt bei Zarncke, Narrenschiff s. cxxxiv (vgl. Goedeke,
Gengenbach s. 524), nach cgm. 808 bei Wackernagel, kirchenlied
2, 1054, nach einer Buxheimer hs. in Birlingers Alemannia
16, 81. Auch in der Klosterneuburger hs., s. Mones anzeiger
8, 350. Anfang:*

Die jungen dummen lappen,
Die singen ain gedicht.

Schluss: Vnd lobent gott den herren,
Der kan euch helffenn zwar.

205. Bl. 167. Prosa: Item nun volgtt hernach wie man
ain dinttenn machenn soll.

206. Bl. 167. Prosa: Item das ist für den stechenn.

207. Bl. 167. Prosa: Item nun volgtt hienach, wie man
ain person jrs prechens jns holtz sol legen. etc.

208. Bl. 167b. Prosa: Item nun volgett hie hernach,
Ain lesen von der gaistlichen haußmayd. *Anfang:* Es wz eins
mals ein einsidel, in einem wald viertzig jar, der gedacht im
auff ein zeitt, er wöltt gern ein menschen sehen, der in seinem
verdienen were. *Schluss:* Darumb hette sy pillich noch grossern
lon. etc.

209. Bl. 168. Ain Euangelisch lied, jm don als das lied
vom Türcken. *Gedruckt bei Uhland s. 902, no. 348. Wacker-
nagel, kirchenlied 3, 391, no. 465. Vgl. Goedeke, grundriss
2², 293, no. 88, a. Anfang:*

Ir herren schweigend aiu wenig still,
Es erhebtt sich yetz ain newes spil.

Schluss: Vnd wann sich seel vnd laib schaiden soll,
Maria thun auch nit von uns wenden.

210. Bl. 168b. Ein kurtzweylige predig, die vns beschreibtt

Doctor Schmoßman, am viervndzwaintzigistenn kappen-
zypffel. *Vgl. Goedeke 2 ², 473.*

211. Bl. 169a. Ain Euangelisch lied, v o n v e r m e i d u n g
d e r m e n s c h e n l e e r, jn dem thon, Es geett ain frischer
Summer da heer mit schalle, Ich waiß mir ain pauren medlin
thutt mir. *Gedruckt bei Wackernagel, kirchenlied 3, 422, no.
485. Anfang:*

> Es fertt ain frischer summer da heer mit schalle,
> Wol auff ir fromen Cristenn alle.

Schluss: Gott zu lob, vnd eere gesungen,
> Auß dem Euangelio gemacht. etc.

212. Bl. 169b. Ain Cristenlich lied, d e s b e w a i n l i c h e n
t o d s, C a s p a r T a u b e r s genantt, Burger zu Wien, jns Bruder
Veitten thon, Gedichtt im . 1500 . vnd im . 25 . jare. *Gedruckt
bei Wackernagel, kirchenlied 3, 436, no. 496. Vgl. Weller,
repert. typogr. no. 3476. Anfang:*

> Nun hörtt ich will euch singen,
> Auß traurigklichem mutt.

Schluss: Es müest wainen weer es hörtte,
> Dz lied ward zu lang. etc.

Psal. 55. In gott hab ich gehofft, ich wird nit fürchten was
mir thon wirtt der mensch.
Bl. 170b leer.

213. Bl. 171. Ain Euangelisch l i e d, in hertzog Ernstz
Melody. *Gedruckt bei Wackernagel, kirchenlied 3, 512, no. 566.
Anfang:*

> Cristenhaitt hatt den hohen preiß,
> Von ewigkaitt fürs Paradeyß.

Schluss: Herr hilff mit deiner barmhertzigkaitt,
> Dz wir dich rechtt erkennen seind,
> Drumb sey dir lob vnd eer gesaitt.

214. Bl. 172. H a n s B i r k e r, Ain l i e d jn der weys,
als dz lied von der faßnacht zu Baßel, gemacht von vier orden.
*(Vgl. Weller, annalen 2, 401, no. 1107. Repert. typogr. no. 1814.
Goedeke, grundriss 2 ², 288). Anfang:*

Ir kriegs leütt nun seind gutter dingen,
Ich will euch newe mere singen,
Vnd wie es ist ergangen
In vnßers hailigen vatters zug,
Nun habtt hie kain verlangen.

Schluss: Hans Bircher hatt diß lied gemacht,
Er ist gewesen an der schlacht,
Darmitt hatt es ain ende.
Ich bitt Mariam Vnd auch ir kind,
Dz sy vns hilff zu sende. etc.

215. *Bl.* 173. Ain Pfaffenklag.

Der pfaffenklag haiß ich,
Wer mich findt der kauff mich,
Vber den Lutter schrey ich,
Wen ich tryff, der ker sich. etc.

Anfang:

Marschalck.
O Lutter du hast vbel gethan.
Hast vns verfüertt den gmainen man.
Der will sich nymmer äffen lon.
Des müessen wir entgeltten schon,
. In vnßerm keller dar zu im hauß.

Schluss: Dz sag ich dir on altz gefär,
Darumb hüett dich Lutter. etc.

216. *Bl.* 173b—180b.

Ain lieplichs lesen, Gar kurtzweilig zu hören, von den geschichten, So pfaff Amyß, von der Statt Dranyß in Engelland geborn, getriben vnd gethon hatt. *Vgl. Zarncke, zeitschr. f. deutsches altert. 9, 400. Steinmeyer, ebenda 30, 376 f. Anfang:*

Vor iaren hatt fred vnd ere,
Geliebett recht also sere.

Schluss: Er fliß sich alle zeitt gutter gethatt.
Wissennt one missethatt.
Pfaff amyß hie ain ende hatt.
Nun nemptt vergutt hie die rede mein.
Ich muß von artt getrewe sein. etc.

Nunc finis est huius. A me Valentino holl. Die . 8 . Februarii. Anno dominj. Millesimo, quingetesimo, vicesimo sexto.

217. Bl. 180b—191. Ain vorred, in die **Hystorj des künigs Appolonij**. Dz man wiß wann er geregierett hab. In welcher vorred das leben des grossenn Alexanders gar schier begriffenn ist. etc. A me Valentino Holl . 1526. *Anfang:* Als volgiengen von Adam viertausent siben hundert achtt vnd viertzig jare. Von dem hinfluß zway tausent acht vnd dreissig jare. etc.

> *Schluss:* Nit laß vns in den sünden sterbenn.
> Ewig dz wir sind behalttenn.
> Mit allenn rainen jungenn vnd altten. etc.

Sic est finis huius libri. A me Valentino Holl, Anno dominj . 1526 . Vicesimo die Marcj.

218. Bl. 191. Die geschicht des **pfarrers von Kallenberg**. *Anfang:*

> Hett ich der büecher vil gelesenn.
> Dz wer mir vast not gewesen.
> *Schluss:* So redt **philipp franckfurtter**.
> Zu wienn in der loblichen statt.
> Der dz zu reymen gemacht hatt. etc.

Scriptum a me Valentino Holl, am . 18. tag Aprillis, Anno dominj . 1526 . jare. etc.

219. Bl. 199a.—231. Dz **new schiff von Narragonia** mit besundrem vleyß ernst vnd arbaitt. Von newē, mit vil schöner sprüch, exempelen, vnd zugesetzten hystorien vnd materien erlengertt, vnd scheinberlicher erklertt zu Basel durch Sebastianum Brant lerer bayder rechten. *Vgl. Zarncke, Narrenschiff s. lxxxvi f.*

> *Schluss:* Wie rauch den augen ist nit gutt.
> Wz essich auch den zenen thutt. etc.

> Hie hett ich gern thon weitter schreiben.
> Habs also müessenn lassenn pleiben.
> Deß bin ich worden bezwungen.
> Dz exemplar ward mir genomen.
> Dz ich nit mer hab kinden schreibenn.
> Vnd habs hie also lassenn pleiben.

Sic est finis, huius libri. A me Valentino Holl. Anno dominj millesimo quingentesimo, Vicesimo sexto. Vicesimo sexto die Junij. etc. Nichtz on vrsach. 1526.

220. Der rest der hs. ist herausgeschnitten. Derselbe enthielt nach angabe des registers: Item Nun volgenn hie auch her nach von dem . 233 . platt, biß auff dz . 264 . platt, gar vil vnnd manicherlay gattungen, klain vnd groß, gaistlich vnd welttlich, lieder vnnd sprich, auch mer ander redenn oder lesen, vnnd auch gar vil fügurn, mit gaistlichenn vnd auch mit welttlichen außlegungen, seind zu prauchenn in schimpff vnnd in ernst, bey der weltt.

221. Rückdeckel, eingeklebt: Ain lied von einer eebrecherin. *Dasselbe wie oben no. 38. Anfang:*

Es hett ain biderman ain weib,
Ir dick wolt sy nit lan.

Schluss: Der teufel far ins hee, in dz hee,
Nach gramatt in dz gee. etc.]

[63—76.]

[Handschriften der hofbibliothek zu Darmstadt, jetzt nach der reihenfolge der heutigen handschriftennummern beschrieben von F. W. R. Roth, Germania 32, 333—351. Es entsprechen sich hs. **63** = R(oth no). 790. *(Vgl. Wölffel in Haupt's zeitschrift 28, 276); hs.* **64** = R. 724. *(Vgl. altdeutsche blätter 1, 381. Zu no. 1 Renner vgl. Wölffel a. a. o. 179. — No. 3. Wie der molner in das hymmelrich quam u. s. w. ist gedruckt erzählungen s. 97. — No. 4, die königin von Frankreich und der ungetreue marschall, gesammtabenteuer no. 8); hs.* **65** = R. 2779. *(Vgl. altdeutsche blätter 1, 380. Wölffel a. a. o. 175); hs.* **66** *fehlt bei Roth; hs.* **67** = R. 2667; hs. **68** = R. 817; hs. **69** = R. 1433; hs. **70** = R. 1912. (Vgl. Germania 3, 396); hs.* **71** = R. 991; hs. **72** = R.*

814; hs. **73** = *R. 3249; hs.* **74** = *R. 3244, 19; hs.* **75** = *R. 3244, 20; hs.* **76** = *R. 3175.*]

66.

Darmstadt. Hofbibliothek. No. 14. Geschrieben 1471. Pergament. Folio. 315 alt gezählte blätter, zweispaltige seiten. Inhalt: Heiligenleben, niederdeutsche prosa, voran ein kalender.

67.

Darmstadt. Hofbibliothek. [No. 2667.] XV jh. Papier. Folio. Gute bilder. [Vgl. Germania 32, 344.]

1. Bl. 1. Theologische abhandlungen, niederdeutsche prosa.
2. Bl. 212 b. Dit is die mynnen jacht. *Mystisches gedicht. Anfang:*

> Dv süesse dyer got Jhesu Crist
> Hoger mynnen fonteyn dů bist.

Schluss: Nv is der mynnen jacht vol ganghen
> Want lieff syen lieff us hait gheuanghen.

Bl. 219 geht die mystische abhandlung in prosa weiter.
3. Bl. 350. Prosa, fragment.
4. Bl. 351. Dit is der boeuen orden. *Anfang:*

> Eyn vader heischt magott
> Der dede verkundigen syn gebot.

Das eine blatt, verstümmelt, enthält nicht das ganze gedicht.
5. Darauf folgt auf ungezählten blättern prosa.
6. Letztes blatt a. Fragment. Anfang:

> Want der wurffel is so starck
> Hedz du hundert duysent marck.

Schluss: Dat synt alle guede gesellen
> Valder dragen sy sack doroh dan syder pellen.

7. Spalte c. Dit is van den sall boeuen. *Anfang:*

So wer jn den sall wilt gain dyngen
Deme raden ich ja synen mauwen zo brengen.

Schluss fehlt.

77.

Rom. Casanatische bibliothek. Die hs. beschrieben in meiner Romvart s. 647. Vgl. Jonckbloet, Lancelot 1, xxiv. [MF. s. vii, hs. i a. Haupt, Gottfried v. Neifen s. vi.] Inhalt:
1. Strophen von Walther von der Vogelweide, Walther von Mets, Gottfried von Neifen, Reimar dem alten, eine anonyme strophe.
2. Parsival von Claus Wisse. [Schorbach s. xvi ff.]

78.

Oehringen. Stiftsbibliothek. XV jh. Papier. Holzband mit gepresstem leder überzogen. Höhe 0,305. Breite 0,21. [Oehringer hs. des Ortnit und Wolfdieterich, s. Holtzmann, Wolfdieterich s. xii. Deutsches heldenbuch 3, vii f.]

79.

Stuttgart. K. öffentliche bibliothek. Fol. no. 39. XVI jh. Papier. Lederüberzug. Höhe 0,27. Breite 0,2. 230 gezählte blätter. Inhalt: Chronik über Herzog Ulrich von Württemberg. [Her. von E. v. Seckendorff, Stuttgart 1863.]
Anfang: Erster Tail dises Buechlins.

Von hertzog vlrich zu wirttemperg hochgeborn
Will jch mitt Erstenn melden vnnd erholn.

Bl. 230b. Schluss:

Ieso hatt es ain Ennd genommen
Darnach war man sich nit somen.

80.

Tübingen. K. universitätsbibliothek. Md. 359. *XVIII jh.*
Papier. Einband, rück und eck leder. Höhe 0,333. Breite 0,205.
Titelblatt und 318 seiten. Görgens von Elrabach Gedicht
auf Herzog Friedrich von Schwaben nach dem Exemplare.
HEn Hofrath Glafeys in Dresden abgeschrieben für Joh. Christoph
Gottscheden. [*Vgl. hs. 109. 110, no. 2. 111. Goedeke, grundriss*
1², 258, no. 9. Bartsch, Heidelberger hss. s. 100 zu 173, 182 a.
Hoffmann, Wiener hss. s. 174.] *S. 1. Anfang:*

> Gott herre zu disem begynn
> So trachten mynne synn.

S. 318. Schluss:

> Do besassen sy das ewig leben
> Das welle vns got auch geben. Amenn.

81.

Zeil. Bibliothek s. d. des fürsten Constantin von Waldburg-
Zeil. XV jh. Papier. Inhalt: Der Trojanerkrieg von
Konrad von Würsburg. [Beschrieben von Bartsch, an-
merkungen zu Konrads Trojanerkrieg s. iii].

82.

[Stuttgarter hs. des Alexander von Ulrich von Eschen-
bach; s. Toischers ausgabe, Tübingen 1888, s. x f.].

83.

[Stuttgarter hs. Cod. poet. 4°. no. 69. XV jh., beschrieben
in Graffs Diutiska 2, 77.]

84.

[*Tübinger Rennerhandschrift*, s. *Strauch in Haupts zeit-schrift 29, 115.*]

85.

Frankfurt am Main. Stadtbibliothek. Msc. germ. no. 5. *XVI
jh. Papier. Lederband. H. 0,225. Br. 0,15. 129 blätter.*
1. *Bl. 1b.* **Sprüche von der gefährlichkeit des hof-
lebens.** *Anfang zerrissen. Unten eine historische notiz, worin
der schreiber erzählt, 1515 sei zu Hentschusshem eine wyhong
geschehen und seine tochter Katharina gefirmt worden.*
2. *Bl. 2.* **Zosimas geschicht.** *Anfang:*

> In gottes namen heb ich an
> Nu horent frauwen vnd auch man.

Schluss: Vnd der heylig geyst da by
> Amen damit eyn ende sy.

3. *Bl. 20.* **Im langen Regenbogen.** *Gedicht von
Maria Aegyptiaca und Veronica. Anfang:*

> O süßer got aller diner gnaden ich beger,
> Sende zu mir din engell von dem hymel her.

Schluss: Nach disem tode vnser freude ernűwe,
> Durch diner mutter ere amen.

4. *Bl. 37.* **Federproben.** [*Vgl. unten no. 8.*] *Anfang:*

> Ich mus dich zorniglichen melden.

5. *Bl. 37b.* **Zwei windrosen** *gezeichnet.*

6. *Bl. 38b.* **Von den zwölf himmelszeichen.** *Anfang:*

> Nu horent alle vnnd merckent ebenn
> Liebe vnnd leyt sint hie durchweben.

Bl. 38. Schluss:

> Im nordosten sich den schutzen
> Findestu jne nit wir wollen dich stutzen.

7. *Bl. 39b. Verse auf genannte schwestern, die immer in kreisfigur geschrieben sind. Anfang:*

> Ganck zu swester hillen die ist im gutem Willen.

Schluss: Zu bruder gerhart raden ich dir.

8. *Bl. 43b. Gereimte reden genannter brüder.* [*Vgl. oben no. 4.*] *Anfang:*

> Bruder Gordiann.
> Ich muß dich zornicklichen melden
> Vnnd dar zu sere scheldenn.

Schluss: Ein syden panczer vber eyn heyde
Das wirt dir betuden grosse freude.
Deo gracias.
Wie fro ich waß da ich schreib deo gracias.

9. *Bl. 64. Der mondslauf durch die himmelszeichen. Prosa. Anfang:*

> Es ist zu wissenn die zwolff zeichen sint jnn sodiaco jnn eym kreis ann dem hymmel.

Schluss: Da mit vmbgen das ist gut.

Bl. 69. Datum: 1477.

10. *Bl. 69b. Die sieben weisen meister. Prosa.* Geschrieben 1477 bis 1498. *Anfang:* Die geschicht der vij wysen meister zu Rome mit dem keyser Pociano vnd synem Sone Diocleciano. [*A. Keller, li romans des sept sages s. cxix*]. *Bl. 129. Schluss:* vnd yren tot jnn fryden. Amenn. *Darauf:*

> Ach gott wie fro ich was
> Do ich schriebe deo gracias.

86. 87.

[*Abschriften von Hermanns von Sachsenheim Mörin und kleineren gedichten in der stadtbibliothek zu Frankfurt a/M. Beschrieben von Fr. Roth im anzeiger für kunde der deutschen vorzeit 1854, sp. 58. 78. Vgl. Bächtold, deutsche hss. aus dem brit. museum s. 147*].

88.

Frankfurt am Main. Stadtbibliothek. Dombibliothek, no. 58. XV jh. Papier. Lederband. Höhe 0,336. Breite 0,222. 267 gezählte seiten, dahinter noch viele leere blätter.

1. S. 3. Dis ist ein deutsch p a s s i o n von dem l e i d e n
v n s e r s l i e b e n h e r r e n i e s u c h r i s t i gantz nach dem latein
beschreben. *Prosa. Anfang:* Do vnser her ihesus christus in
der wernd drei vnd dreissig iare vil arbeit vnd mancherley pein
erlitten hat. *Schluss:* also clare also es vß got geflossen ist.
Amen.

2. S. 175. Hernoch folget ein a n d e c h t i g e s w u r t z g e r-
t e l i n das solt yr christo ihesu vnserm herren, euwerm gemaheln
zu lop vnd eren vf den helligen christobent zcu disch lesen.
Voran verse, unabgesetzt geschrieben. Anfang: Ich han erdacht
ein wurtzgertelin, das muß an dem hertzen sein, das sal die
sele bereyten, vnd ihesum das liebe kindelin darin leyten. *Schluss:*
das er sich vns selber geb vnd hernach das ewig leben amen.
[*Vgl. unten no. 8 und Mones anzeiger 2, 272.*]

3. S. 189. Ein andechtige s e r m o n von d e r wirdigsten
helligsten g e b u r t v n s e r s l i e b e n h e r r e n geschreben vß
dem peregrino Magno. *Anfang:* Eyn kindelin ist vns geborne
vnd eyne sune ist vns gebben. *Schluss:* der vatter, der sune
vnd der hellige geyst. Amen.

4. S. 200. Ein ander andechtig s e r m o n von der g e b u r t
v n s e r s l i e b e n h e r r e n welche beschreibt der gotlich vnd
suße lerer sanctus Bernhardus. *Anfang:* Die stime der freude
die hat geklungen in vnserm land. *Schluss:* warer got ewig-
lich. AmeN.

5. S. 205. Ein ander andechtig s e r m o n v o n d e r
h e l l i g s t e n g e b u r t v n s e r s l i e b e n h e r r e n. *Anfang:*
Eyn kindelin ist vns geborn. *Schluss:* zu dem hoffe des fürsten.
Amen.

6. S. 213. Eyn andechtig l e c t i o n von der g e b u r t vnsers lieben herren. *Anfang:* Darnoch da kame die zeit. *Schluss:* genade senden vnd midt teylen. Amen.

7. *S. 216.* Eyn schone andechtig geschicht von eynem geystlichen bruder lieblich zu lesen. *Die geschichte von dem mönchlein, herausgegeben von Maurer v. Constant. Diese hs. ist aber dabei nicht benützt. Vgl. Franz Pfeiffers anzeige des buchs. Die verszeilen nicht abgesetzt. Anfang:*

> Were ich wyse so wolt ich die tugent meren
> Vnd wolt sie auch mit flyse leren
> Gutten leudten sie verkunden.

S. 226. Schluss:

> Mit deiner hilff schein,
> Du müst vmmer ewig gelopt sein. AmeN.

Drei blätter leer.

8. *S. 233. Das würzgärtlein, wie s. 175. Anfang:* Dis ist ein würtz gertelin das plegen mir zcu lesen vff den helligen christ obent. das solt ir auch lesen zcu disch ihesu euwerm gemåln zw eren vnd zcw lope. Ich hab erdacht ein würtze gertelin das müß an dem hertzen sein. *Schluss:* Das er sich vns selber gebb Vnd hernoch das ewigk leben amen.

9. *S. 243.* Vff den helligen crist tag leset dise sermon oder predige, die ich geschreben hab vß dem bůch genant peregrinus Magnus. *Vgl. s. 189. Anfang:* Pver natus est nobis.

10. *S. 252.* Ein ander sermon die beschreibt der süß lerer sant Bernhart. *Vgl. s. 200. Anfang:* Sonuit vox leticie.

11. *S. 257.* Sermon. *Anfang:* Paruulus natus est nobis.

12. *S. 262.* Ein suberlich lection von der geburt christi. *Vgl. s. 213. Anfang:* Darnoch da da kame die zeit.

89.

Frankfurt. Stadtbibliothek. In der kapsel mit handschrift-

bruchstücken. XIII jh. Pergament. 2 zusammenhängende blätter.
2 spalten auf der seite. 35 zeilen auf der spalte. *Die blätter*
waren decke von: Census et siligines vicariae sanctae Margarethae
ecclesiae sanct Bartholomaei franckfurdi per me Hieron. Rocken-
mayer . 1559. *Inhalt: Weltchronik von Rudolf von Ems.*
Bl. 1. Anfang:

>Die zwelif houbet steine
>Mit edelen werko reine
>. . . . . Sardyue.

Bl. 2. Anfang:

>Vf slahen in ander sit
>Des hers vnd verre hin.

Bl. 2d. Schluss:

>Swer den stolzen degen balt
>Sach der sagete mere
>Daz er geborn were
>Der schine iegelich sach man ein
>Liecht alsam des sunnen schin
>In sulches liechtes glaste.

90.

Frankfurt. Stadtbibliothek. XIV oder XV jh. *Ein heft*
mit pergamentblätterbruchstücken, von einbänden abgelöst.
1. Fragmente eines gedichts über die h. Elisabet.
2spaltig geschrieben. Abgelöst von Stanislai Rescii Epistolae.
Neapoli 1594, *in der Carmeliterbibliothek in Frankfurt. Die*
ersten vollständig erhaltenen zeilen lauten:

>Da zu houe was bereid
>Hie mide ich bliben vnbedrad
>Nû seht wie got gefuget had.

2. Bruchstücke aus dem leben des h. Laurentius und
des h. Hippolytus, aus dem dritten teil des Passionals.
Vgl. Fr. K. Köpkes Passional s. viij, wo jedoch 385, 94 (statt
95) 386, 87 (statt 82) und 394, 59; 394, 68 bis 92 zu lesen

ist. Diese bruchstücke gewähren, wie Franz Roth bemerkt, noch einige besserungen. Die hs. ist dreispaltig geschrieben. Die blätter dienten als umschlag von Tragica, seu tristium historiarum libri II. Islebiae 1597, *in der Carmeliterbibliothek zu Frankfurt.*

91.

Frankfurt. Stadtbibliothek. Kapsel mit handschriftfragmenten.

4 defecte blätter einer zweispaltig geschriebenen pergamenthandschrift eines niederdeutschen gedichtes auf könig Adolf von Nassau und seinen tod in der schlacht bei Göllheim 1298. [Gedruckt durch Massmann in Haupts zeitschrift 3, 7 und bei Liliencron, die historischen volkslieder 1, 5, no. 2 und 1, 23, no. 5.]

Bl. 1. Anfang:

> Hie vand ein flos ein segil.
> Der minnen alzô male

92.

Frankfurt. Stadtbibliothek. Kapsel mit handschriftenbruchstücken. XV jh. Pergamentblatt, 2spaltig, 38 zeilen auf der seite. Diente als büchereinband für dokumente über die freiheiten der güter von Brungesheim oder Brunnesheim und Beckersheim. Geschichte in versen, über einen frommen jüngling A b r a h a m. *[Gedruckt in Mones anzeiger 8, 338.] Anfang:*

> (Bis)choff nonnus der gute
> (Lo)bte auch mit demûte
> (Vns)ers herren gewalt.

93.

Frankfurt. Stadtbibliothek. Kapsel mit handschriftenbruchstücken. XV jh. Pergamentblatt, 2spaltig geschrieben, 38 zeilen auf der seite. Diente als decke eines buchs über das gelend zu

Brunngushaym. Fragment einer legende über den h. Hiero-nymus. [Gedruckt in Mones anzeiger 8, 342; vgl. Goedeke, grundriss 1², 233.] Anfang:

> Jheronimus der reyne
> Hyn abe yn der eyne.

94.

Frankfurt am Main. Stadtbibliothek. XV jh. Papier. Höhe 0,28. Br. 0,205. 262 bl. 2 spalten auf der seite. Die hs. gehörte nach 1634 dem Erhard von Muckenthall in Hücksenn-ackher. Anfang fehlt.

1. Bl. 1. Belial. Prosa. Vgl. W. Wackernagel, deutsches ✓ *lesebuch 4, 331. Anfang:* Wie im größlich zu dancken.

Bl. 100. Schluss: Hie hat das puch ein endt Des frewen sich sein hendt.

Bl. 100b. Got vns allen kumer wend Dort auch hie jn dism elend. Amen.

2. Bl. 101. Betrachtungen des juden Samuel über das jüdische volk. Prosa.

Bl. 121. Schluss.

3. Bl. 121c. Bedingungen eines vertrags. Prosa. XVI jh.

4. Bl. 123. Schachzabelbuch. XV jh. Prosa. Anfang fehlt. Figuren eingemalt.

5. Bl. 167. Kaiserchronik, betitelt das pûch von der welt wie die Gestanden ist sider Adams zeiten vncz her. *Prosa. Die darstellung geht bis auf Ludwig den Bayern 1311. Der schluss ist ausgerissen.*

95.

[Frankfurter handschrift des Ortnit und Wolfdieterich; s. Holtzmann, Wolfdieterich s. xvi. Deutsches heldenbuch 3, vii].

96.

Frankfurt am Main. Stadtbibliothek. XIV jh. [*Kloss' hs.*, *enthaltend den* S c h w a n r i t t e r, C a t o, L a u r i n, *den* s c h ü l e r v o n P a r i s *(Gesammtabenteuer no.* xiv*), den* m a l e r v o n W ü r z b u r g (*nach der hs. gedruckt in den erzählungen s.* 251*) und den* R o s e n g a r t e n. *Vgl. W. Grimm, der Rosengarte, Gött. 1836, besonders s. lxxxii ff. Zarncke, Cato s. 162. F. Roth, Schwanritter s.* 39. *Deutsches heldenbuch 1, xxxiv.*]

97.

Heidelberg. Universitätsbibliothek. No. 392. [*S. Bartsch, Heidelberger hss. s. 119, no. 214.*]

98.

Darmstadt. Grossherzogliche hofbibliothek. XV jh. Papier. Holzdecken, nicht mehr vollständig überzogen. Höhe 0,281. Breite 0,205. 540 gezählte blätter. Einspaltig. Erste spalte mit feinen gemalten und vergoldeten arabesken. Die handschrift rührt aus dem nachlass des freiherrn vón Hüpsch in Köln her. Inhalt: Gedicht über Karl d. gr. [K a r l m e i n e t, *hs. A bei Keller, Karlmeinet s.* 855]. *Bl.* 539 *heisst es:* Van Karlles leuen ind wesen. *Anfang:*

Zo allen zyden in dem jare
Mach man stille ind offenbare.

Schluss bl. 540 b:

Ind vmmerme aen ende
Dat boech van eme haitt hee eyn ende.

99.

Stuttgart. Eigentum des antiquars Süskind Steinkopf.

*XIV—XV jh. Pergament. Höhe 0,18. Br. 0,12. Blätter nicht
gezählt. Inhalt: die jagd von Hadamar von Laber. Anfang
und schluss fehlt. Zeilen nicht abgesetzt. Anfang [in Schmellers
ausgabe str. 676]:*

```
[Des bin ich ane] synne
Die hat die mynne gesenndet ainem weybe.
Sol man die mynne fliechen
Seind sy mich freuden schönet
Sol man sich von ziechen
Mein mynen in frewden so mynikleichen lonet.
```
Schluss: Greiff selber sü den funden [= *Schmeller str. 713*]
Die meinen swei[fel stören.]

100.

*Stuttgart. Eigentum des antiquars Süskind Steinkopf. XV jh.
Pergament. H. 0,12. Br. 0,087. 371 bl. Inhalt: Gebete an Maria.
Anfang:* Die vorred in diß büchlin vahet allso an: Hje nach
volget ein lob vnnd hoche brisung Der küschen rainen magt
vnnd mütter marie Vnnd aller jrer glyder mit den sy trülich
gedient hat jrem sun. *Dann kommen ähnlich die stunden
Marias. Ein abschnitt ist überschrieben:* Das pfulment: Hilff
mier herr Jhesu criste mit truriger clage. *Schluss:* vnnd
richsnest mit gott dem vatter jn einikait des heiligen geists,
got Von ennde zü ennde jnn ewig zitt. Amen.

101.

*Wolfenbüttel. Herzogliche bibliothek. Bezeichnet »55. 2. Mss.«
Geschrieben anfang XVI jh. Papier. Holzband. Höhe 0,3.
Breite 0,21. Dicke 0,035. 163 neu gezählte blätter. Inhalt: Die
geschichten und thaten des ritters Wilwolten von
Schaumburg. [Herausg. von A. v. Keller, Stuttgart 1859.]*

102.

Stuttgart. K. öffentliche bibliothek. Cod. poet. 1. *XIV jh.*
Pergament. [*Hs. S des welschen gastes von Thomasin von Zirclaria, Rückert s. 417*].

103.

Nürnberg. Germanisches museum. No. 5339a. *XV jh.*
Papier. Holzeinband. Höhe 0,2. Breite 0,145. 416 bl. [*Die beschreibung gedruckt im anzeiger für kunde der deutschen vorzeit 1859, sp. 327—330. 364—367. 405—407. 446—448. Vgl. Wagners archiv 1, 422. 436.*]

104.

Augsburg. K. kreis- und stadtbibliothek. Aug. CCCLXX. *XVI jh. Papier. Einband holz mit leder überzogen. Höhe 0,3. Breite 0,205. 2 vorblätter. 420 gezählte blätter.* [*Vgl. A. Hartmann, das Oberammergauer passionsspiel in seiner ältesten gestalt, Leipzig 1880, s. 189. 192. 195.*] *Inhalt:* Hoch Teütsche Maister Gesanng, Auß hailliger göttlicher schrifft gezogen, Auch etlicher wunderbarlicher Historien vnnd Stampeneyen, Aus den Philosophi, Durch Johan Sachs vnd Johan Springen, Auch etlicher gedicht Onofferi Schwartzenbach, jnn der zwelff alten, vnd sonst manicherley Maister gethon, Ganntz lustig vnd kurtzweillig hier Innen verfasst . 1565. [*Enthält, ausser meistergesängen der drei genannten, noch solche von Michel Franck, (David Speuser), Albertus Krants, Martin Dürr, Daniel Holtzmann, und vieles anonyme.*]

105.

Weimar. Grossherzogliche bibliothek. Q 570. *XVI jh.*

Papier. Holzdeckel mit gepresstem leder überzogen. Höhe 0,205. Breite 0,15. 346 bl. 1. *Bl.* 1. *Caspar Portt seckler, meisterlieder,* anno geschriben durch Kilion Schrawen des 1552 jars. 2. *Bl.* 2. *Anfang:* Im verporgen Thon Fritz Zorns die 12 alten Meister.

O veni sancte spiritus
Emitte lucis Ruthium

106.

Weimar. Grossherzogliche bibliothek. Q. 569. *XVI jh. Papier. H. 0,197. Br. 0,14. 305 bl. Inhalt: Meistergesänge von verschiedenen händen geschrieben. Anfang:* In dem lieb thon Caspar singer.

Marsias aus Phrygier lautt
Erstlich die rorpfeyffenn erfund.

107.

[*Eybacher handschrift der E n e i t von Heinrich von Veldeke. Beschrieben von Pfeiffer, quellenmaterial 1, 16. Vgl. Behaghel, Heinrichs v. Veldeke Eneide s. iii.*]

108.

Tübingen. Bibliothek des k. Wilhelmstifts, aus der k. handbibliothek. X, 35. *Auf dem rücken steht:* Vocabularius latino-germanicus. Scrips. F. Sigfridus de Fridberg Mon. Wibling. 1441. *Papier. Holzband, mit leder überzogen. Höhe 0,295 m. Breite 0,21. Dicke ohne den einband 0,04. 170 von mir gezählte blätter. 2 spalten auf der seite. Die handschrift gehörte dem kloster Wiblingen, dann der k. handbibliothek in Stuttgart und ist aus*

dieser an die bibliothek des Wilhelmstifts in Tübingen gelichen.
1. *Bl. 3. Lateinisch-deutsches wörterbuch. Anfang:*
Ex quo vocabularii auctentici etc.

Bl. 118b. Schluss: Explicit vocabularius bonus et compendiosus scriptus per fratrem Syfridum [st . . . de Fridberg] (*die eingeklammerten worte sind vom miniator rot überstrichen*) professum in Wiblingen. Finitus in vigilia assumptionis virginis Marie anno domini M⁰. cccc⁰. xlj⁰.

2. *Bl. 118c. Weitere sachlich geordnete lateinisch-deutsche wörtersammlung. Anfang:* De membris humani corporis. Caput hopt. Crinis haur. Pilus idem.

Bl. 132. Schluss: Mellecocum wnderlile.

3. *Darauf folgen lateinische* versus memoriales, *lexikalische rätsel, z. b.*

> Omnibus in missis tis ut memor obsecro mis sis;
> Dumque memor tis sis, etiam memor obsecro mis sis.

4. *Bl. 132b. Lateinische synonymik. Anfang:* Nota. Grammatica secundum Ysidrum primo Ethycorum Aristotelis sic describitur: Grammatica est recte loquendi scientia.

Bl. 168d. Schluss: planete mouentur, qui sunt omnibus animalibus causa vite. Deo gratias. Expliciunt dictiones equivoce exponitorie.

> Adueniente deo descendit nuncius alto
> Gabriel ex solio *u. s. w.*

5. *Bl. 169. Lateinische abhandlung über sprachlaute und versfüsse. Anfang:* Littera est minima pars vocis, que scribi potest individua, et dicitur littera quasi legittera eo quod legentibus iter præbeat ad legendum. *Die schrift bricht ab bl. 169b.*

109.

Wolfenbüttel. Herzogliche bibliothek. 69, 10. XV jh. Schreiber Jerg von Elrbach, nach bl. 48. Papier. Einband holz mit grünem

*leder überzogen. Höhe 0,3. Breite 0,206. 48 bl., 2 spalten auf
der seite. Beschrieben von Langer in Gräters Bragur VI, 1,
s. 181—189. 190—205. VII, 1, s. 209 · 235. Inhalt: Friedrich von Schwaben. [Vgl. zu hs. 80.]*

Bl. 1. Anfang:

> Got herr in deim beginn
> So tracht mein sinn.

Bl. 48. Schluss:

> Daz tû vns armen sûndern gewern.
> Amen.

Vsgeschriben an sant Vrbans tag durch mich Jergen von
Elrbach.

110.

*Stuttgart. Königliche handbibliothek. XV jh. Papier. Einband holz, überzogen mit gepresstem schwarzem leder. Höhe 0,3.
Breite 0,206. [S. Graffs Diutiska 2, 64.] Auf dem vordern
deckel innen steht:* Diß buch ist philips kemerers von dalburg
vnd sagt von ponteß vnd von eym herzogen in schwaben.
*1. Bl. 1—123. Pontus und Sidonia in prosa. 2spaltig.
123 blätter von mir gezählt. Anfang:* . is ist ain edel histori
von schöner âbentür da jnn gelüttet vil gûtz och vil gûter
exempel *u. s. w. Schluss:* Zum letzsten mussen sie das alles hinder
jne lassen Vnnd kommen vnder die swartzen erde etc. etc. Per
me Johannem gegenschriber zu Geisslingen de Ulma etc.
Anno domini xxviijto etc . 1478.

Darauf 8 leere blätter.

*2. Es beginnt mit neuer blattzählung von L. Uhlands hand
auf 141 blättern vierspaltig das gedicht über Friedrich von
Schwaben, ohne überschrift. [Vgl. zu hs. 80.] Anfang:*

> Got herre jn seinem beginn
> So trachtent die meinen sinn.

Schluss: In der Núnden stund
Hab ich geratt mit meinem mund.

Johannes lebtzelter gegenschriber am zoll zu Geisslingen etc.

111.

Donaueschingen. Fürstlich fürstenbergische hofbibliothek. No.
109. (L. 195). Papierhs. vom j. 1532. Holzdeckelband mit leder
überzogen. Höhe 0,288 m. Breite 0,213. 177, in wahrheit 178
(bl. 59 ist doppelt gezählt) blätter, einspaltig. Gehörte früher
dem dr. J. freiherrn v. Lassberg in Mersburg, wo ich die hs.
benützt habe. Beschrieben von J. V. Scheffel, die handschriften
der altdeutschen dichtungen der f. fürstenbergischen hofbibliothek
zu Donaueschingen s. 33; von K. A. Barack, die handschriften
der f. fürstenbergischen hofbibliothek zu Donaueschingen s. 105 f.
Bei beiden litterarische nachweisungen. Inhalt: Herzog Fried-
rich von Schwaben. [Vgl. zu hs. 80.]
> *Bl. 1. Anfang:*
>> Gott her in seinem beginn
>> So trachtent die minen sinn.

> *Bl. 111b. Schluss:*
>> Da besassen sie das Ewig leben
>> Das wöll vns gott auch geben.

Aue Maria . 1532 . Somma 1° vnd 77 blat.

112.

Dresden. K. öffentliche bibliothek. M. 68. Beendigt 1447.
Papier. Einband modern, rück und eck braun leder. H. 0,27.
B. 0,205. 1 vorsatzblatt, 79 gezählte blätter, hinten noch drei
leer, 2spaltig. Beschrieben von F. H. v. d. Hagen, grundriss
s. 325 ff. Gesammtabenteuer 3, 763. Abschrift von Büsching
mit dem original verglichen von v. d. Hagen in der Berliner bib-
liothek. [Den inhalt s. bei v. d. Hagen, grundriss 325 ff.]

113.

Stuttgart. K. handbibliothek. 1486. Pergament. Holzdecken mit weissem gepresstem leder überzogen. Höhe 0,193. Breite 0,135. Dicke 0,04 meter. 131 *von mir gezählte blätter, wovon das letzte leer. Die hs. gehörte 1659 dem kloster Weingarten. Uhland hat dieselbe erwähnt. Vgl. schriften zur geschichte der dichtung und sage 7, 622. Viele gemalte initialen. Auf der vordern und hintern decke je an der innenseite alte colorierte federzeichnungen. Bl. 1. Am rande steht von späterer hand :* Augustini Tunger Procuratoris curiae Constantiensis ad Eberhardum ducem facetiae latinae et germanicae 1486. *Links von anderer hand :* Apophthegmata LIV. *Anfang:* Dem hochgebornen herren hern Eberharten. Grauen zu Wirtenberg vnd zů Montpelgard. *Zueignung. Bl. 4.* Augustinus Tůnger de Enndingen procurator *u. s. w. Lateinische vorrede. Bl. 6b. L a t e i n i s c h e e r z ä h l u n g e n. Anfang:* Pauperem quendam clauduw *u. s. w. Bl. 60. Schluss:* Vale. Ex constantia quarto Kalendas Decembres Anno a natali cristiano sexto et octuagesimo quadringentesimo supra millesimum. TENOC. *Bl. 61. D e u t s c h e erzählungen. Anfang:* Es volget ainer ainem krüppel. *Bl. 130b. Schluss:* 28 Nov. 1486.

114.

Wertheim am Main, im besitz des fürstl. domänenrats K. L. Müller. X V jh. Papier. Holzeinband mit braunem leder überzogen. Höhe 0,275 m. Breite 0,2. Dicke 0,075. 264 gezählte blätter mit fragmenten ungezählter. 2spaltige schrift. Anfang und schluss fehlt, ebenso sonst einzelne blätter. Inhalt: P r o s a- r o m a n, deutsch, aus dem artusischen sagenkreis. Bl. 1. Anfang: Wapin brengen, vnde do er gewapint wart

do hing er den schilt an synen hals. vnd saz vff sin ros vnde
scheit von dannen.

115.

*Warthausen. Bibliothek des freiherrn Richard König Wart-
hausen. Stammt wahrscheinlich aus der bibliothek des herrn
von Erolzheim. XIII oder XIV jh. Pergament. 4 blätter.
Höhe 0,305. Breite 0,23. 2 spalten zu 46 verszeilen. Inhalt:
Alexander von Ulrich von Eschenbach. [Vgl. Toischer
s. x.] Anfang:*

> Vnde uns der .. stor kundet
> Wer wider die nature sundet.

Schluss: Sannabalach vor den fvrsten trat
Dvrch sin dienst er in bat
Daz einen tempel neuwen
Sinem eidem muste bowen
Vf dem berge Thavro
Sannabalach von Alexandro.

116.

*Stuttgart. K. öffentliche bibliothek. Msc. Poet. no. 7. 1520.
Papier. Einband und holz mit gepresstem leder überzogen.
Höhe 0,31. Breite 0,22. Dicke 0,07. Vorn 2 ungezählte, dann
254 neu gezählte blätter. Die hs. gehörte früher der reichsstadt
Hall, die sie dem herzog von Württemberg zum geschenk machte.
Beschrieben ist die hs. in Ferdinand Weckherlins beyträgen zur
geschichte altdeutscher sprache und dichtkunst, Stuttgart bei Metzler
1811, s. 57. Der Renner hg. vom historischen verein, Bamberg
1833, vorrede no. 15. Alte gute schwänke, Leipzig 1847, s. 5.
2. auflage, Heilbronn bei Henninger 1876, s. 11 ff. Auf der
innern seite der vordern decke ist eine mit I. W. bezeichnete
schöne federzeichnung auf grünem papier, die anbetung des kindes
durch die drei könige darstellend.*

1. *Der vorn eingeklebte brief lautet: „Durchlauchtigster Herzog, Gnädigster Herzog und Herr, Eurer herzoglichen Durchlaucht wird bereits unterthänigst gemeldet worden seyn, dass in höchster Abwesenheit einer derer drey Mann, so die Reichs-Stadt Halle zu der Herzogl. Legion unterthänigst verehrt, im Urlaub ausgeblieben. Kaum wurde solches dem Magistrat daselbsten bekant, als er mich seine grosse Verlegenheit hierüber, und einen dem Standes-Hauptmann Wiebel gemachten Auftrag baldmöglichst einen andern hübschen Mann anzuwerben, wissen liesse. Es bedurfte dahero meiner dem Obristen von Wolfskehl zugesicherten Verwendung nicht, und der Magistrat dieser Reichs-Stadt überschickte zu gleicher Zeit für die Herzogl. grosse Biblioteck ein seltenes Manuscript, eine Abschrift von dem sogenannten Renner, des Hugo von Trymberg, dessen Gellert in der Vorrede zu seinen Fabeln und Erzählungen erwähnt. Der Dichter lebte gnädigstbekantermassen zu Anfang des 14. Jahrhunderts, und die Abschrift seines Buches wurde von dem Stadt-schreiber zu Halle, Peter Wezel, im Jahr 1520 gefertiget; so ich hiemit unterthänigst anzuschliessen unermangle, und in tiefster Unterwerfung ersterbe Eurer Herzoglichen Durchlaucht unterthänigst treu gehorsamster von Mylius, Obrist Lieutenant und Flügel-Adjutant. Stuttgart den 24ten Februar 1787.“*

Das 2. unbeschriebene blatt dieses briefs ist ungeschickt an das erste blatt der hs. angeklebt und dadurch der name David Wetzel halb verdeckt. David Wetzel ist der älteste sohn des schreibers. Vgl. meine alten guten schwänke s. 8, 2. aufl. s. 13.

2. *Register zum Renner. Anfang:* Von dem schlangen vnnd des menschen missetat xliij.

Bl. 5 (alte zählung 2). Bruchstück eines lateinischen liedes. Anfang: omne sed nunc fessa curis pressa u. s. w. Vgl. Renner, Bamberg 1833, s. 7.

Ain merkliche rede von dem alter.

Ich bins das alter,
Das von kalter
Arte sich müss wermen hie.

Bl. 5b. Ain gute vorred dis buchs.

Dichtend hat ich mich verlaupt
Von der zeit her da mein haupt u *s. w.*

5 d. Nun wissent frawen vnde man
Das sich das buch hie hebet an
Renner ist das buch genannt
Vnnd soll rennen durch alle land.

Anfang dis buchs.

Bl. 6 (alt 3).

Ich kam vf ain weite heide
Zu guter augel waide etc.

Fortan der Renner, 2 spalten auf der seite.

Bl. 226 (alt 224) d. Explicit centilogium magistri Hugonis
de Trimperg, cuius anima Requiescant in Pace.

Bl. 227 (alt 225). Schreiber dis buchs im 1520. *Die
hiernach folgenden verse sind gedruckt in meinen alten guten
schwänken, Heilbronn 1876, s. 11 f.*

Bl. 228 f. (alt 226 f.) leer.

Bl. 230 (alt 228). Wie die siben Todsund vor crist
gepurt von Gott gestrafft worden sein. *Tractat in prosa.*

*S. 14. Hs. 2, no. 57. steht auch hs. 42, 99. — Hs. 2, no. 59
ist in Pfeiffers übungsbuch s. 137 gedruckt. — S. 39. Zu hs. 4,
no. 15 fehlt der verweis auf HMS 3, 468*. — S. 48, 1 v. u.
lies 1855. — S. 67. Zu hs. 42, no. 25 fehlt der verweis auf v. d.
Hagens und Primissers heldenbuch 2, 222. — S. 78. Hs. 42, no.
88. Vgl. Germania 33, 161. — S. 79. Hs. 42, no. 90. Ist auch
in Böhmes altdeutschem liederbuch s. 695, no. 584 gedruckt. —
S. 131. Zu hs. 62, no. 154 vgl. jetzt zeitschr. f. deutsche phil.
22, 404.*

Register.